西樵歷史文化文獻叢書

南海九江朱氏家譜（四）

（清）朱次琦 朱宗琦 纂修

廣西師范大學出版社
GUANGXI NORMAL UNIVERSITY PRESS
·桂林·

南海九江朱氏家譜卷六

七世孫學懋初輯　十五世孫
十世孫昌瑤續脩　十六世孫士報
十五世孫士仁編校
十七世孫酉長
福元
十六世孫奎元捐刊
顯元

恩榮譜

制誥　進士　乙榜進士　舉人　武舉　貢生
仕宦　薦辟　封廕　文學　武學　國學　恩
例　冠帶頂戴　旌節　待旌節婦附　待旌百
歲附　耆壽壽婦附

古卿大夫入奬王室外塡撫四方時則有昭庸顯勛受
王冊命以繼忠孝而穀子孫布於詩書肴於金石之文

曰篤成烈曰告文人曰對揚以辟之勤大命施於烝彝鼎此其志也降自後世選舉盛興仕路沓進科第宦歷之美論者以鳴國寵而侈家榮夫入仕慕當官科名期不負下至子衿胄監亦有朝廷養士之澤存寀第尸其榮焉已乎藉曰榮之寀勿亟思所報乎我祖自淩江來遷再世而奮膠庠再世而腰銀艾夔州青州循卓冠時誕膺異數以似以續侍郎學博卒以時難殉君親而一

朝報禮之誼終焉

昭代教忠

量同天地伏讀

純廟褒謚明臣手詔薄海溯雱彼允屬之忠所以捐糜圖報者

又可涯量邪爰考累世恩榮所被逮夫民爵之賜級閭
棱之表宅亦附於篇俾我孫子知報國所以承家是桓
榮陳賜物魯公勒世恩之遺意也夫作恩榮譜

制誥

褒忠予謚

上諭

乾隆四十年十一月初十日奉

上諭崇獎忠貞所以風厲臣節然自昔累朝嬗代凡勝國死事之
臣罕有錄予易名者惟我
世祖章皇帝定鼎之初於崇禎末殉難之大學士范景文等二十人
特恩賜謚仰見

聖度如天軫卹遺忠實爲亘古曠典第當時僅徵據傳聞未暇遍爲
搜訪故得邀表章者止有此數迨久而遺事漸彰復經論定今
明史所載可按而知也至若史可法之支撑殘局力矢孤忠終
蹈一死以殉又如劉宗周黃道周等之立朝謇諤抵觸僉壬及
遭際時艱臨危授命均足稱一代完人爲褒揚所當及其宅或
死守城池或身殞行陣與夫俘禽駢僇視死如歸者爾時王旅
徂征自不得不申法令以明順逆而事後平情而論若而人者
皆無愧於疾風勁草即自盡以全名節其心亦並可矜憫雖福
王不過倉猝偏安唐桂二王并且流離竄跡已不復成其爲國
而諸人茹苦相從舍生取義各能忠於所事亦豈可令其湮沒
不彰自宜稽考史書一體旌謚其或諸生韋布及不知姓名之

流並能慷慨輕生者議謚固難於概見亦當令俎豆其鄉以昭
軫恤嘗恭讀我
太祖實錄載薩爾滸之戰明楊鎬等集兵二十萬四路分出侵我興
京我
太祖
太宗及貝勒大臣等統勁旅數千殲戮明兵過半一時良將如劉綎
杜松等皆歿於陣近曾親製書事一篇用揚
祖烈而示傳信惟時
王業肇基其抗我顏行者原當多爲獮薙然迹其冒鏑攖鋒竭忠効
命未嘗不爲嘉憫又若明社將移孫承宗盧象昇等之抵拒王
師身膏原野而周遇吉蔡懋德孫傳庭等以闖獻蹂躪禦賊亡

身凜凜猶有生色總由明政不綱自萬歷以至崇禎權奸接踵閹豎橫行遂至黑白混淆忠良泯滅每爲之切齒不平福王時雖有追謚之人而去取未公亦無足爲重朕惟以大公至正爲衡凡明季盡節諸臣既能爲國抒忠優奬實同一視至錢謙益之自詡清流靦顔降附及金堡屈大均之倖生畏死詭託緇流均屬喪心無恥若輩果能死節則今日亦當在予旌之列迺既不能捨命而猶假語言文字以自圖掩飾其偷生是必當明斥其進退無據之非以隱殛其冥漠不靈之魄一襃一貶衮鉞昭然使天下萬世共知朕準情理而公好惡以是植綱常卽以是示彰癉所有應謚諸臣並查明史及輯覽所載遵照

世祖時之例仍其原官予以謚號其如何分別定謚之處著大學士

九卿京堂翰詹科道集議以聞並通諭中外知之欽此

乾隆四十一年十一月初八日奉

旨原任戸部郎中攝高明縣事朱實蓮

賜謚烈愍

謹按　欽定勝朝殉節諸臣録

高宗純皇帝准令諸臣原籍府州縣忠義祠有司設牌入祀並牓刊謚文及某官姓名謚字附載事實縣諸祠内其有後裔尚存聽於祠墓自行鐫立碑石以昭令典而示表揚今欽遵　恩旨繕揭篇首

特恩褒賜治行第一知府朱讓

璽書

奉

天承運

皇帝制曰朕撫有方夏軫念民艱每思良二千石布德宣化嘉予

天下維新而於典郡尤亟其有治行明章薦剡茂騰者特簡其

人而畀之以旌前勞而勸來勩璽書豈有愛焉爾四川夔州府

知府朱讓資繇黃甲初宰花封繼擢戶曹秩分郎署度支出納

惟慎權關通裕稱奇迺貲考堂之謀猷出作巖疆之保障而爾

惠從公溥威以廉生著鉤距摘伏之神塞奔競貪緣之竇薦書

特最朕用嘉焉茲覃恩授爾階中憲大夫錫之誥命爾膺茲榮

寵益當勵報稱之能果其績並襲黃將採一郡之政成而召卿

矣子大夫其敬承之欽哉毋替朕命

制　誥

之　寶

萬歷十五年三月十五日

謹按明史循吏傳史誠祖授汶上知縣成祖北巡遣御史考覈郡縣長吏賢否還言誠祖治第一賜璽書勞之此治行第一賜璽書之始（王觀傳觀知蘇州府太祖遣行人齎勅褒勞魏觀傳贊太祖嘗遣行人齎勅賜平陽知縣張礎事在誠祖前）其後定州知州王約賜詔旌異福山知縣段堅賜勅褒美皆加秩晉階職官志又載定制外官滿一考

而以最聞者給本身誥敕絅庵公本以治
行第一被旌此文內明著璽書字樣蓋出
未定制以前所特賜迺異數也
歲閲授階文林郎朱讓
敕命文佚
覃恩封孺人關氏
敕命文佚
敕命
萬歷　年　月　日
之寶
謹按鄉志封贈一冊於白川公暨配郭氏

下並稱累贈似絅庵公令臨川日授階文林郎曾得推恩考妣者果爾其勅書位次宜列於絅庵公授階勅書之前迺詳查世紀未見有兩次蒙恩之說即王尚書宏誨金參政節所爲墓誌行狀亦秖言受南京主事之贈是前此未嘗邀恩意理本明疑者闕之在後之人固未敢稍涉於誣

又按絅庵公初次受封當在萬歷六七年然不可考

覃恩贈承德郎南京戶部河南清吏司主事朱文直

勅命

奉

天承運

皇帝勑曰士有隱德以鴻冥恆於嗣賢而駿發肆疏榮上逮式闡

幽光宜矣爾朱文直迺南京戶部河南清吏司主事朱讓之父

待聘席珍被褐懷玉脩名克立篤行有聞人高衡泌之風後裕

構堂之胄司農効績詒穀攸彰茲贈爾爲承德郎南京戶部河

南清吏司主事祗服寵於國恩長增輝於廟祏

覃恩贈安人郭氏

勑命

勑曰人子於母生切陟屺之思歿繫栝棬之感不有懸冊曷體至

情爾郭氏迺南京戶部河南清吏司主事朱讓之母儉而克勤

勞以爲愛迺成令子展采清時雖懿範已違而芳聞未泯茲贈
爾爲安人歆此維新之命慰其永慕之懷
勅命
萬歷十一年三月二十三日
之寶
覃恩晉階承德郎朱讓
勅命文佚
覃恩晉封安人闞氏
勅命文佚
勅命
萬歷十一年三月二十三日

之寶

覃恩封文林郎湖廣武昌府咸寧縣知縣附生朱學濂

敕命文佚

覃恩封孺人陳氏

敕命文佚

敕命

萬曆三十一年九月十七日

之寶

歲閱授階文林郎朱凌霄

敕命

奉

天承運
皇帝勑曰夫父母之於子也愛之至雖其平居無疾痛疴癢之形叫呼震撼之聲而其心且切切焉彼吏之於民則有號之而如不聞觸之而如不見者矣勢不同也畧其勢而論其心眞見其無有異者則是在賢長吏焉爾湖廣武昌府咸寧縣知縣朱凌霄拔自鄉秀雅負才名一試傳經再還領邑其斟酌於民喦者既久其發揮於理道者獨眞孰爲民利聚而致之孰爲民蠧除而去之開心見誠而人無所不附削衣貶食而吏無所不憚眞吾民之父母也茲特以歲閱授爾階文林郎錫之勑命於戲今天下不可謂無事之日矣吾聞楚之民廉悍剽桀易與爲不善揉之以歲月使弱者翕然有所感發愛其上而不忍釋而彊者

快然自得如魚龍之各釋於水而無壅遏隤裂之憂即以世世
治平可也爾愈勉哉

覃恩封孺人曾氏

勅命

勅曰朕誦燕喜之詩而知吏能綏輯一方使一方之民呼懽稱慶
意必有令妻以襄治焉爾湖廣武昌府咸寧縣知縣朱凌霄妻
曾氏宜室儉勤禔躬淑婉克襄士業允賚斧藻之勤敬佐官常
無改縞綦之素從夫而貴禮實攸宜茲特封爾為孺人祗膺象
服之華益効雞鳴之儆

勅命

萬歷三十一年九月十七日

之寶

覃恩封文林郎廣西柳州府融縣知縣增生朱凌冲

勅命 文佚

覃恩贈孺人關氏

勅命 文佚

勅命

萬歷年月日

之寶

覃恩授階文林郎朱光祖

勅命 文佚

覃恩封孺人周氏

勑命文佚

勑命

萬歷年月日

之寶

覃恩封文林郎浙江湖州府德清縣知縣廩生朱疇

勑命文佚

覃恩封孺人易氏

勑命文佚

勑命

崇禎十四年月日

之寶

敕命 文佚
覃恩授階文林郎朱實蓮

敕命 文佚
覃恩封孺人區氏

敕命

崇禎十四年 月 日

之寶

敕命 文佚
覃恩贈徵仕郎中書科中書舍人增生朱田

敕命 文佚
覃恩封孺人李氏

敕命

隆武二年三月初三日

之寶

覃恩授階徵仕郎朱伯蓮

敕命

奉

天承運

皇帝敕曰國家重絲綸之職入司書命爰贊喉舌非手撥雲漢光煥紫微疏萬方觀聽者勿得與茲選爾中書科中書舍人朱伯蓮峻格爽才晶心亮節翱翼鵬路文摶粵海長風振鐸鱣堂教洽毘陵化雨初幸武林魚水故交不異桐江遂慶閩海雲龍仗

策寧殊大樹廷對規深於頌允拜昌言摛詞質有其文無慙中
祕況爲國敦趨首輔殊慶得人且多方計裕庫儲具見忠悃是
用覃恩授爾階徵仕郎錫之敕命都哉人地俱清輝映五花之
判琬琰隆賁寵增二使之榮
覃恩封孺人陸氏

敕命

敕曰朕聞表淑媛者動引寶婺星精藻珠仙史均爲失實蓋有班
聯學士名高中祕藉伊闈助之力者皇仁必首被焉爾中書科
中書舍人朱伯蓮妻陸氏迺江西撫州府通判陸逵之女賁實
夭夭螽羽揖揖雍容操作荆布椎髻可風夙夜禮明澗蘋沼蘩
有恪宜家人在御靜好友琴和若壎篪相君子結驅賢豪贈佩

芳於蘭蕙鳳池染翰式繇內襄螭陛敷恩寧遺婦德是用封爾

爲孺人雞鳴備著乎七誡象服應來於九霄

勅命

隆武二年三月初三日

之寶

殉難郵贈奉議大夫光祿寺少卿原任刑部主事兼兵部主

事戶部郎中攝高明縣事朱實蓮

誥命文佚

晉封宜人原封孺人區氏

誥命文佚

制誥

永歷二年　月　日
之寶
推恩贈嘉議大夫兵部左侍郎原授中憲大夫四川夔州府知府朱讓
誥命　文佚
推恩贈淑人原封安人關氏
誥命　文佚
制誥
永歷二年七月　日
之寶
推恩贈嘉議大夫兵部左侍郎原封文林郎浙江湖州府德

清縣知縣朱疇

誥命 文佚

推恩贈淑人原封孺人易氏

誥命 文佚

制誥

永歷二年七月　日

之寶

殉難加贈嘉議大夫兵部左侍郎原贈奉議大夫光祿寺少卿朱實蓮

誥命 文佚

加封淑人原晉宜人區氏

誥命文佚

制誥

永歷二年七月　日

之寶

謹按烈愍公於桂王戊子七月加贈嘉議大夫兵部左侍郎三代同官諭賜祭葬詳見九江鄉志而南海縣志鄉賢祠綱庵公繫銜既書夔州府知府累贈兵部左侍郎顧於忠孝祠烈愍公繫銜僅書刑部主事未免失考烈愍公原官據欽定勝朝殉節諸臣錄亦作戶部郎中攝高明縣事

推恩諭祭贈嘉議大夫兵部左侍郎原授中憲大夫四川夔州府知府朱讓

諭祭文文佚

推恩諭祭贈淑人原封安人關氏

諭祭文文佚

制誥

永歷二年七月　日

之寶

推恩諭祭贈嘉議大夫兵部左侍郎原封文林郎浙江湖州府德清縣知縣朱疇

諭祭文文佚

推恩諭祭贈淑人原封孺人易氏

諭祭文 文佚

制誥

永歷二年七月　日

之寶

殉難諭祭加贈嘉議大夫兵部左侍郎原贈奉議大夫光祿寺少卿朱實蓮

諭祭文 文佚

制誥

永歷二年七月　日

之寶

謹按我族絲綸寵命明時惟白川後溪兩
房有之鼎革後禍起覆巢白川房所藏半
付灰燼而其在後溪房者歲遠原軸不存
石本或復以遷塋亡去何其不幸之甚也
烏虖得之難而失之易若此則凡可以考
其拜封年月者文辭雖佚在今日猶當愛
惜存之

覃恩貤封登仕郎廣東廣州府清遠縣儒學教諭朱起魁

勑命

奉

天承運

皇帝制曰錫類迺朝廷之典報本爲人子之心爾朱起魁迺廣東
廣州府清遠縣儒學教諭加一級朱順昌之父脩身克敦古訓
教子無忝義方茲以覃恩貤封爾爲登仕郎廣東廣州府清遠
縣儒學教諭錫之勅命於戲欽茲綸綍之榮益勵忱恂之誼
覃恩貤贈孺人黃氏
勅命
制曰奉職在公嘉教勞之有自推恩將母宜錫典之攸隆爾廣東
廣州府清遠縣儒學教諭加一級朱順昌之母黃氏壼範宜家
夙協承筐之教母儀詒穀載昭畫荻之方茲以覃恩貤贈爾爲
孺人於戲彰淑德於不瑕式榮象服膺寵命之有赫益賁徽音
勅命

康熙五十三年三月十八日

之寶

覃恩貤贈脩職郎廣東瓊州府文昌縣儒學教諭朱起魁

勅命

奉

天承運

皇帝制曰任使需才稱職志在官之美馳驅奏效報功膺錫類之

仁爾朱起魁迺廣東瓊州府文昌縣儒學教諭朱順昌之父雅

尚素風常迎善氣弓冶克勤于庭訓箕裘丕裕夫家聲茲以覃

恩貤贈爾爲脩職郎廣東瓊州府文昌縣儒學教諭錫之勅命

於戲肇顯揚之成事國典非私酬燕翼之深情臣心彌勵

覃恩貤贈孺人張氏

勅命

制曰佐庶司而經理爰奬通才勸百爾之孝思用彰慈教爾廣東瓊州府文昌縣儒學教諭朱順昌之繼母張氏德可型家恩能育子顧復無殊於所出榮光適逮于廼身茲以覃恩貤贈爾爲八品孺人於戲師賢母之風勵茲清白沛熙朝之命垂此徽音

勅命

康熙六十一年十一月二十日

之寶

覃恩貤封脩職郎廣東廉州府靈山縣儒學以教諭銜管訓導事朱世昌

勑命
奉
天承運
皇帝制曰任使需才稱職志在官之美馳驅奏效報功膺錫類之
仁爾朱世昌迺廣東廉州府靈山縣儒學以教諭銜管訓導事
朱道南之父雅尚素風常迎善氣弓冶克勤于庭訓箕裘丕裕
夫家聲茲以覃恩貤封爾爲脩職郎廣東廉州府靈山縣儒學
以教諭銜管訓導事錫之勑命於戲肇顯揚之盛事國典非私
酬燕翼之深情臣心彌勵
覃恩貤封孺人曾氏
勑命

制曰奉職無愆懋著勤勞之績致身有自宜酬鞠育之恩爾曾氏迺廣東廉州府靈山縣儒學以教諭銜管訓導事朱道南之母淑範宜家令儀昌後早相夫而教子俾移孝以作忠茲以覃恩貤封爾爲正八品孺人錫之勅命於戲賁象服之端嚴誕膺鉅典錫龍章之渙汗用表榮施

勅命

乾隆四十二年五月初二日

之寶

覃恩貤贈脩職郎廣東廉州府靈山縣儒學以教諭銜管訓導事朱樸庵

勅命

奉

天承運

皇帝制曰考績報循良之最用獎臣勞推恩溯積累之遺載揚祖
澤爾朱樸庵迺廣東廉州府靈山縣儒學以教諭銜管訓導事
朱道南之祖父錫光有慶樹德務滋嗣清白之芳聲澤流再世
衍弓裘之令緒祜篤一堂茲以覃恩貤贈爾爲脩職郎廣東廉
州府靈山縣儒學以教諭銜管訓導事錫之勅命於戲聿脩念
祖膺懋典而益勵新猷有穀詒孫發幽光而丕彰潛德

覃恩貤贈孺人黃氏

勅命

制曰冊府酬庸聿著人臣之懋績德門輯慶式昭大母之芳徽爾

黃氏迺廣東廉州府靈山縣儒學以教諭銜管訓導事朱道南之祖母箴誠揚芬珩璜表德職勤內助宜家久著其賢聲澤裕後昆錫類式承夫嘉命茲以覃恩貤贈爾爲正八品孺人於戲播徽音於彤管壼範彌光膺異數於紫泥天庥永劭

勅命

乾隆四十五年正月初一日

之寶

請封貤贈奉政大夫朱存禮

奉

誥命

天承運

皇帝制曰考績報循良之最用獎成勞推恩溯積累之遺載揚祖
澤爾朱存禮迺同知銜朱福元之祖父錫光有慶樹德務滋嗣
清白之芳聲澤留再世衍弓裘之令緒祜篤一堂茲以爾孫克
襄王事貤贈爾爲奉政大夫錫之誥命於戲聿脩念祖膺茂典
而益勵新猷有穀詒孫發幽光而丕彰潛德

請封貤贈宜人關氏

誥命

制曰册府酬庸聿著人臣之懋績德門輯慶式昭大母之芳徽爾
關氏迺同知銜朱福元之祖母箴誠揚芬珩璜表德職勤內助
宜家久著其賢聲澤裕後昆錫類式承乎嘉命茲以爾孫克襄
王事貤贈爾爲宜人於戲播徽音於彤管壺範彌光膺異數於

紫泥天庥允劭

制誥

咸豐九年十一月初一日

之寶

請封贈奉政大夫朱廷貴

誥命

奉

天承運

皇帝制曰求治在親民之吏端重循良教忠勵資敬之忱聿隆褒獎爾朱廷貴迺同知銜朱福元之父禔躬湻厚垂訓端嚴業可開先式穀乃宣猷之本澤堪啟後詒謀裕作牧之方茲以爾子

克襄王事贈爾爲奉政大夫錫之誥命於戲克承淸白之風嘉
茲報政用慰顯揚之志昭乃遺謨

請封贈宜人張氏

誥命

制曰朝廷重民社之司功推循吏臣子稟冰淵之操教本慈闈爾
張氏迺同知銜朱福元之母淑愼其儀柔嘉維則宜訓詞於朝
夕不忘育子之勤集慶澤於門閭式被自天之寵茲以爾子克
襄王事贈爾爲宜人於戲仰酬顧復之恩勉思撫字載煥絲綸
之色允賁幽潛

請封贈宜人杜氏

誥命

制曰奏績在公已慰勤劬之念推恩及下寧遺鞠育之勞爾杜氏
迺同知銜朱福元之生母持躬以愼助饍能賢無忝所生常念
屬毛而離裏則篤其慶俾能盡分以達情茲以爾子克襄王事
贈爾爲宜人於戲特申母因子貴之文用昭善則歸親之義頒
茲休命聿表遺徽
制誥
咸豐九年十一月初一日
之寶
請封貤贈奉政大夫朱啟元
誥命
奉

天承運
皇帝制曰委贄策名榮旣膺夫簪紱克家纘緒光必逮乎門閭爾
朱啟元迺同知銜朱福元之胞兄道足持躬情殷訓弟經傳詩
禮青緗揚雁序之輝慶篤芝蘭丹綍煥龍章之麗芳徽允懋新
典宜頒茲以爾弟克襄王事貤贈爾爲奉政大夫錫之誥命於
戲被章服以增榮聿顯友恭之義承絲綸而無忝彌彰善慶之
風

請封貤封宜人關氏

誥命
制曰教佐義方內則允彰夫懿範榮敷閨闈朝恩宜體乎私情爾
關氏迺同知銜朱福元之嫂貞淑性成徽柔道協身嫻姆訓聿

儲卓犖之材志稟慈徽用衍熾昌之緒丕昭淑慎特賁絲綸茲
以爾夫弟克襄王事貤封爾爲宜人於戲龍章式煥令儀著美
於當時象服欽承名德益彰於奕葉

制誥

咸豐九年十一月初一日

之寶

請封貤封奉政大夫朱奎元

誥命

奉

天承運

皇帝制曰委贄策名榮既膺夫簪紱克家纘緒光必逮乎門閭爾

朱奎元迺同知銜朱福元之二胞兄道足持躬情殷訓弟經傳詩禮青緗揚雁序之輝慶篤芝蘭丹綍煥龍章之麗芳徽允懋新典宜頒茲以爾弟克襄王事貤封爾爲奉政大夫錫之誥命於戲被章服以增榮聿顯友恭之義承絲綸而無忝彌彰善慶之風

請封貤封宜人賴氏

誥命

制曰教佐義方乃則允彰夫懿範榮敷閨闥朝恩宜體乎私情爾賴氏迺同知銜朱福元之二嫂貞淑性成徽柔道協身嫻姆訓聿儲卓犖之材志稟慈徽用衍熾昌之緒丕昭淑慎特賁絲綸茲以爾夫弟克襄王事貤封爾爲宜人於戲龍章式煥令儀著

美於當時象服欽承名德益彰於奕葉

制誥

咸豐九年十一月初一日

之寶

請封貤贈奉政大夫朱耀元

誥命

奉

天承運

皇帝制曰委贄策名榮既膺夫簪紱克家纘緒光必逮乎門閭爾

朱耀元廼同知銜朱福元之三胞兄道足持躬情殷訓弟經傳

詩禮青緗揚雁序之輝慶篤芝蘭丹綍煥龍章之麗芳徽允懋

新典宜頒茲以爾弟克襄王事貤贈爾為奉政大夫錫之誥命
於戲被章服以增榮聿顯友恭之義承絲綸而無忝彌彰善慶
之風
請封貤贈宜人關氏

誥命
制曰教佐義方內則允彰夫懿範榮敷閫闈朝恩宜體乎私情爾
關氏迺同知銜朱福元之三嫂貞淑性成徽柔道協身嫻姆訓
聿儲卓犖之材志稟慈徽用衍熾昌之緒丕昭淑慎特賁絲綸
茲以爾夫弟克襄王事貤贈爾為宜人於戲龍章式煥令儀著
美於當時象服欽承名德益彰於奕葉
請封貤封宜人冼氏

誥命

制日教佐義方內則 允彰夫懿範榮敷閨闈朝恩宜體乎私情爾
洗氏迺同知銜朱福元之三嫂貞淑性成徽柔道協身嫺姆訓
聿儲卓犖之材志稟慈徽用衍熾昌之緒丕昭淑慎特賁絲綸
茲以爾夫弟克襄王事貤封爾爲宜人於戲龍章式煥令儀著
美於當時象服欽承名德益彰於奕葉

制誥

咸豐九年十一月初一日

之寶

請封貤贈儒林郎朱澄榕

勅命 未下

勑命未下

請封貤贈安人黃氏

咸豐年月日

請封贈儒林郎朱遇貴

勑命未下

請封贈安人關氏

勑命未下

咸豐年月日

請封貤贈登仕佐郎九品頂戴朱睿臨

勑命未下

請封貤贈孺人關氏

勅命未下

請封貤贈孺人潘氏

勅命未下

咸豐　年　月　日

請封貤贈文林郎朱德進

勅命

奉

天承運

皇帝制曰考績報循良之最用獎成勞推恩溯積累之遺載揚祖

澤爾朱德進迺山西襄陵縣知縣朱玟琦之祖父錫光有慶樹

德務滋嗣清白之芳聲澤留再世衍弓裘之令緒祜篤一堂茲

以爾孫遵例急公貤贈爾爲文林郎錫之勅命於戲聿脩念祖

膺茂典而益勵新猷有穀詒孫發幽光而丕彰潛德

請封貤贈孺人曾氏

勅命

制曰冊府酬庸聿著人臣之懋績德門輯慶式昭大母之芳徽爾

曾氏迺山西襄陵縣知縣朱次琦之祖母箴誡揚芬珩璜表德

職勤內助宜家久著其賢聲澤裕後昆錫類式承乎嘉命茲以

爾孫遵例急公貤贈爾爲孺人於戲播徽音於彤管壼範彌光

膺異數於紫泥天庥允劭

勅命

同治元年十二月十九日

之寶

請封贈文林郎從九品朱成發

勅命

奉

天承運

皇帝制曰求治在親民之吏端重循良教忠勵資敬之忱聿隆褒

獎爾從九銜朱成發迺山西襄陵縣知縣朱次琦之父禔躬湻

厚垂訓端嚴業可開先式穀乃宜猷之本澤堪啟後詒謀裕作

牧之方茲以爾子遵例急公贈爾為文林郎錫之勅命於戲克

承清白之風嘉茲報政用慰顯揚之志昭乃遺謨

請封贈孺人張氏

勅命

制曰朝廷重民社之司功推循吏臣子凜冰淵之操教本慈闈爾張氏迺山西襄陵縣知縣朱次琦之母淑愼其儀柔嘉維則宜訓詞於朝夕不忘育子之勤集慶澤於門閭式被自天之寵茲以爾子遵例急公贈爾爲孺人於戲仰酬顧復之恩勉思撫字載煥絲綸之色允賁幽潛

請封贈孺人關氏

勅命

制曰闈儀繼美既並播其芬聲榮命揚休宜均霑乎渥澤爾關氏迺山西襄陵縣知縣朱次琦之繼母毓英名閥麗德高門琴瑟調在御之和令模夙著機杼媲中閨之美慈訓攸昭茲以爾子

遵例急公贈爾為孺人於戲情深鞠育恩不問於所生典重顯
揚榮豈殊於自出
勅命
同治元年十二月十九日
之寶
請封貤贈文林郎舉人揀選知縣朱士琦
勅命
奉
天承運
皇帝制曰委贄策名榮既膺夫簪紱克家纘緒光必逮乎門閭爾
舉人揀選知縣朱士琦迺山西襄陵縣知縣朱汝琦之胞兄道

足持躬情殷訓弟經傳詩禮青緗揚雁序之輝慶篤芝蘭丹綍
煥龍章之麗芳徽允懋新典宜頒茲以爾弟遵例急公貤贈爾
爲文林郎錫之勅命於戲被章服以增榮聿顯友恭之義承綵
綸而無忝彌彰善慶之風

請封貤贈孺人黃氏

勅命

制曰教佐義方內則允彰夫懿範榮敷閨闥朝恩宜體乎私情爾
黃氏迺山西襄陵縣知縣朱次琦之嫂貞淑性成徽柔道協身
嫺姆訓聿儲卓犖之材志稟慈徽用衍熾昌之緒丕昭淑慎特
賁絲綸茲以爾夫弟遵例急公貤贈爾爲孺人於戲龍章式煥
令儀著美於當時象服欽承名德益彰於奕葉

勅命

同治元年十二月十九日

之寶

請封貤封文林郎監生朱炳琦

勅命

奉

天承運

皇帝制曰委贄策名榮旣膺夫簪紱克家纘緒光必逮乎門閭爾監生朱炳琦迺山西襄陵縣知縣朱汝琦之二胞兄道足持躬情殷訓弟經傳詩禮青緗揚雁序之輝慶篤芝蘭丹綍煥龍章之寵芳徽允懋新典宜頒茲以爾弟遵例急公貤封爾爲文林

郎錫之勅命於戲被章服以增榮聿顯友恭之義承綸綍而無
忝彌彰善慶之風

請封貤封孺人梁氏

勅命

制曰教佐義方内則允彰夫懿範榮敷閫閾朝恩宜體乎私情爾
梁氏迺山西襄陵縣知縣朱次琦之二嫂貞淑性成徽柔道協
身嫻姆訓聿儲卓犖之材志稟慈徽用衍熾昌之緒丕昭淑愼
特賁綸綍茲以爾夫弟遵例急公貤封爾爲孺人於戲龍章式
煥令儀著美於當時象服欽承名德益彰於奕葉

勅命

同治元年十二月十九日

之寶

覃恩晉贈朝議大夫朱存禮

誥命

奉

天承運

皇帝制曰考績報循良之最用奬臣勞推恩溯積累之遺載揚祖
澤爾朱存禮迺捐職知府朱奎元之祖父錫光有慶樹德務滋
嗣清白之芳聲澤留再世衍弓裘之令緒祜篤一堂茲以覃恩
晉贈爾爲朝議大夫錫之誥命於戲聿脩念祖膺茂典而益勵
新猷有穀詒孫發幽光而丕彰潛德

覃恩晉贈恭人關氏

誥命

制曰冊府酬庸聿著人臣之懋績德門輯慶式昭大母之芳徽爾
闞氏迺捐職知府朱奎元之祖母箴誠揚芬珩璜表德職勤內
助宜家久著其賢聲澤裕後昆錫類式承乎嘉命茲以覃恩晉
贈爾爲恭人於戲播徽音於彤管壼範彌光膺異數於紫泥大
庥允劭

制誥

同治五年十一月初八日

之寶

覃恩晉贈朝議大夫朱廷貴

誥命

奉

天承運

皇帝制曰求治在親民之吏端重循良教忠勵資敬之忱聿隆褒
獎爾朱廷貴迺捐職知府朱奎元之父禔躬涓厚垂訓端嚴業
可開先式穀乃宣猷之本澤堪啟後詒謀裕作牧之方茲以覃
恩晉贈爾爲朝議大夫錫之誥命於戲克承清白之風嘉茲報
政用慰顯揚之志昭乃遺謨

覃恩晉贈恭人張氏

誥命

制曰朝廷重民社之司功推循吏臣子凜冰淵之操教本慈闈爾
張氏迺捐職知府朱奎元之母淑慎其儀柔嘉維則宣訓詞於

朝夕不忘育子之勤集慶澤於門閭式被自天之寵茲以覃恩
晉贈爾爲恭人於戲仰酬顧復之恩勉思撫字載煥絲綸之色
用慰劬勞

覃恩晉贈恭人杜氏

誥命

制曰奏績在公已慰勤劬之念推恩及下寧遺鞠育之勞爾杜氏
迺捐職知府朱奎元之生母持躬以愼助簉能賢無忝所生常
念屬毛而離裏則篤其慶必能盡分以達情茲以覃恩晉贈爾
爲恭人於戲特申母因子貴之文用昭善則歸親之義顯茲休
命勵乃芳規

制誥

同治五年十一月初八日

之寶

謹按譜內各門截止咸豐辛酉緣係

制書敬謹續登以榮　君賜不拘常例

又按制勅類有特典有常典譜中著錄以

特典居前而常典次之

又按九世微龕公實蓮原奉特勅興舉義

師而勅文久闕九江鄉志本傳勵載勅日

破斧之章首爲輔臣誦之次則及於爾矣

欽哉二十字敬附於此

進士

七世讓　字次夔號綱庵知府贈侍郎四川通志廣州鄉賢傳府志縣志鄉志俱有傳萬歷二年

甲戌科會試以禮經中式第七十二名　殿試三

甲第九十八名

題目學如不及　一章

惟天下至　出之

用下敬上　一節

典試呂調陽　內閣　廣西臨桂縣人

王希烈　侍郎　江西南昌縣人

會元孫鑛　浙江餘姚縣人

狀元孫繼皋　直隸無錫縣人

榜眼余孟麟　直隸祁門縣人

探花王應選　浙江慈谿縣人

謹按題名碑錄是科中式二百九十九人

又按明會典明史選舉志洪武三四年始

行鄉會試取士野獲編謂洪武辛亥始開科取士得吳伯宗等人所

知也不知先一年庚戌以明經薦至京師者上俱親策問之賜徐大全等出身有差按取士雖不始於辛亥而會試舉進士科則自是年始凡鄉試中者行省咨中書省判送會試鄉試以八月初九日會試以二月初九日爲第一場又三日爲第二場又三日爲第三場以子午卯酉年鄉試辰戌丑未年會試鄉會試年例文行集謂洪武十七年定貢舉考謂洪武二十九年定未詳孰是洪熙元年奏准取士額數臨期請旨會試額數無定少至三十二人其多者若洪武乙丑永樂丙戌至四百七十二人又分南北中卷南卷取十之六北卷取十之四復以百卷爲率則南取五十五名北取三十五名中取十

名應天及蘇松諸府浙江江西福建湖廣廣東爲南卷順天山東山西河南陝西爲北卷四川廣西雲南貴州及鳳陽廬州二府滁徐和三州爲中卷中式者親策於廷分一二三甲以爲名第之次一甲止三人賜進士及第二甲若干人賜進士出身三甲若干人賜同進士出身勑立石題名於國子監門洪武戊辰任亨泰廷對第一太祖撰題名記立石國子監門辛未許觀亦如之進士題名碑繇此相繼不絕其始一甲一名吳伯宗僅授員外郎厥後定制一甲一名授脩撰二名三名授編脩與二三甲考選庶吉士者皆爲翰林官其它京員則授主事中行評博外官則知推並用其

大較也文行集永樂十三年乙未始令天下舉人就試北京

又按明史選舉志神宗初張居正當國二年甲戌其子禮闈下第居正不悅遂不選庶吉士

十五世汝琦字效虔又字子襄號稚圭知縣道光二十七年丁未科會試中式第九十六名　殿試三甲第一百十四名

題目君子賢其　其親

蓋有之矣　二句

孟子曰予　已也

賦得天心水面得知字

典試潘世恩、內閣　江蘇吳縣人

杜受田　尚書　山東濱州人

福濟　侍郎　滿洲鑲白旗人

朱鳳標　侍郎　浙江蕭山縣人

會元許彭壽　浙江錢唐縣人

狀元張之萬　直隸南皮縣人

榜眼袁績懋　順天宛平縣人
探花龐鍾璐　江蘇常熟縣人

謹按題名碑錄是科中式二百三十一人

又按　欽定大清會典　大清
則例　國朝取士多因明制順治初定會試中額四百名南卷二百三十三名　康熙五十一年　諭禮
部清查各省會試舉人實數奏聞酌量省
分大小人材多寡各定中額雍正四年奉
旨以次年丁未會試期遇閏二月
天氣尚寒展至三月以待春溫遂爲永制科場條例乾隆十年定爲永制　又康熙五十二年
特開　萬壽恩科二月鄉試八月會

試嗣後　慶榜鴻開　恩施不
絶尤曠古未遭之盛典
又按明會典云洪武十七年頒行科舉成
式第一場試四書義三道明史選舉志其文畧仿宋經義然代古人語氣爲之體用排偶謂之八股蓋太祖與劉基所定經義四道明史選舉志試卷之首書三代姓名及其籍貫年甲所習本經第二場試
論一道判語五道詔誥表內科一道第三
場試經史時務策五道　國朝因之貢舉
考云乾隆二十二年丁丑會試二十四年
己卯鄉試始裁去表判改用五言八韻詩
又云乾隆五十三年戊申鄉試次場俱以

詩經命題仍用論已酉鄉試易經庚戌會
試書經壬子鄉試春秋癸丑會試禮記五
十九年甲寅　恩科鄉試始俱以五
經命題裁論今昔沿革謹疏其厓畧如此
科場條例康熙三年甲辰六年丁未
兩科俱以策論取士嗣後仍用時文

乙榜進士

九　世伯蓮字子敬號淨熯給事中崇禎七年甲戌科會試以禮經中式

乙榜

題目其行己也　四句
國有道其言足以興
救民於水　二句

典試吳宗達　內閣　直隸宜興縣人
闕

會元李　青　直隸金壇縣人
狀元劉理順　河南杞縣人
榜眼吳國華　直隸宜興縣人
探花楊國祚　直隸宣城縣人

謹按明史選舉志會試有副榜宣德八年
命禮部尚書胡濙與大學士楊士奇楊榮
選副榜龍文等二十四人送監進學翰林
院三月一考其文與庶吉士同頗示優異
其後不復另試則取年二十五以上者授
教職又　大清會典康熙三年停止
會試副榜
又按選舉志貢舉考畧崇禎甲戌會試福
建舉人顏茂猷通作五經文合四書爻三道首場共作

文二十三篇旨許送內簾閱看中副榜特賜進士以其名另為一行刻於試錄第一名之前按陔餘叢考洪武二十三年閩人黃文忠試南畿五經題兼作以違式取旨特置第一免會試授刑部主事在顏茂猷之前

舉人以宗支為次

七世讃字汝皋號石潭通判鄉志有傳　嘉靖三十一年壬子科鄉試錄

拔貢生以詩經中式第四十九名

題目闕

典試闕

解元張大猷　番禺縣人嘉靖丙辰進士

謹按是科中式七十五人

又按明會典洪武三年詔開科舉以本年八月爲始使天下臣民皆繇科舉而進廣東鄉試定貢額二十五名十七年詔各省舉人不拘額數從實充貢洪熙元年定廣東中額四十名洪熙元年奏准取士定額南京國子監并南直隸屬共八十名北京國子監并北直隸屬共五十名江西五十名浙江福建湖廣廣東各四十名河南四川各三十五名陝西山東山西各三十名廣西二十名雲南交趾各十名貴州願試者就試宣德二年貴州就試雲南增額五名正統二年增廣東額十名黃佐廣東通志景泰四年取士後冬十月始定爲七十五名續文獻通考謂景泰四年復定取士額廣東原中四十名增二十五名誤阮通志自景

泰七年丙子科始歷天順成化宏治正德
嘉靖隆慶以迄萬歷壬子凡五十三科相
沿無異
又按番禺志明初應試止取廩生漸及增
廣宏治十七年甲子始許附生應試附生
迺有中式者
又按石潭公繇瀧水拔貢中式故又見羅
定州志郝通志選舉表重出非是

讓

見上
進士　嘉靖三十七年戊午科鄉試繇附生以詩經
中式第四十二名
題目闕

典試闕

解元李學一　歸善縣人隆慶戊辰進士

謹按是科中式七十五人

又按明史選舉志初制兩京鄉試主考皆用翰林各省考官先期於儒官儒士內聘明經公正者爲之景泰三年令布按二司同巡按御史推舉見任教官文學廉謹者聘充考官遂爲永制嘉靖七年用兵部侍郎張璁言各省主考皆遣京官每省二人行止二科而罷萬歷十一年詔定科場事宜仍遣廷臣而同考亦多用甲科教官僅

取一二而已據此則嘉靖壬子戊午兩科鄉闈仍用教官典試宜記載諸書之不能舉其名也

又按絅庵公鄉試習詩經會榜則改禮記考明史選舉志正德中會試十七房分詩經五人易經書經各四人春秋禮記各二人於後詩易又各增一房可知其時風氣習禮記者希習詩經者夥唐宋人亦謂左傳禮記爲大經絅庵公迺舍易而趨難總督殷正茂區爲詩禮名家以此

八世凌霄字宏惠號湛一知州署知府貴州通志縣志鄉志俱有傳萬歷十三年乙酉

科鄉試錄增生以禮經中式第五十三名墓誌作五十一名誤

題目因民之所　五段
道也者不　道也
夫人幼而　二句

典試楊廷相　給事　福建晉江縣人
汪　繹　員外　浙江仁和縣人

解元何　多　順德縣人萬歷己丑進士

謹按是科中式七十五人阮通志選舉表闕二人

又按野獲編今上壬午科以後議者謂十三省鄉試俱巡按專其事實爲總裁而外簾府縣知推自爲分考官所聘教官雖刊名錄中分閱硃卷毫不得干預試事其知

推各看墨卷淴通關節競取所私今宜痛
革前弊以京朝翰林科部諸官馳往典試
如先朝故事奉旨准行以今科乙酉爲始
永爲定例

九　世伯蓮見上乙榜進士崇禎六年癸酉科鄉試繇副榜以禮經中
式第二十五名
題日夫仁者己　立人
抑而强與
不動心有道乎日有
典試闕
解元陳學詮　番禺縣人
謹按是科中式八十八人

實蓮字子潔號微龕郎中贈侍郎謚烈愍明史列傳欽定古今圖書集成氏族典省志府志縣志俱有傳天啟元年辛酉科鄉試未冠繇廩生以禮經中式第三名

題目君子成人之美

故君子以　不遠

是以如是　可也

典試華　顏　員外　浙江定海縣人

吳之仁　中書　江西臨川縣人

解元伍瑞隆　香山縣人

謹按是科中式八十一人阮通志選舉表列八十二人

又按明朝廣東進士錄引明朝設科條例謂天啟元年辛酉科登極恩加本省額一名不爲例若如所言則阮通志選舉表列八十二人之數秖溢一人而通志不載其

說故謂實謚二人未知何人應刪

又按李遜之三朝野紀遜之字膚公江陰人自號江上遺民李忠毅應昇子崇禎十五年正月元旦一條內紀烈愍公令德清祓逮事自跋云朱君字子潔廣東南海人天啟辛酉方弱冠受知於先忠毅拔冠一經據此知烈愍公獲雋實繇忠毅分房是師是弟沆瀣千秋遇合良非偶然亦猶王伯厚之於文信公左桐城之於史道隣也敬補於此用詔方來按明史李公本傳時以九江府推官應聘分考

光祖字象之號海若通判鄉志有傳萬歷四十年壬子科鄉試繇附

生以書經中式第三十名

題目言之必可行也　所求乎臣　二句

以直養而無害

典試洪啟聰　主事　福建南安縣人

繆國維　主事　直隸吳縣人

解元吳殿邦　海陽縣人聯捷進士

謹按是科中式七十五人

光允字嗣之號松蘿　主事員外郎鄉志有傳萬歷四十三年乙卯科鄉試

繇廩生以禮經中式第四十一名

題目動之斯和

好學近乎知

孟子道性　二句

典試陸夢龍　員外　浙江會稽縣人

包見捷　主事　雲南臨安縣人

解元周文偉　連州人

謹按是科中式八十人阮通志選舉表闕二人

又按文行集是科奉詔廣東加中五名共

八十名沿至崇禎己卯科無異

十一世宗元字與嗣號厚齋學正康熙四十四年乙酉科鄉試繇廩生

以禮經中式第五十九名

題目見義不爲無勇也

言而世爲天下則

宰我曰以　一節

典試逢泰　編脩　滿洲正黃旗人

高名壽　主事　順天大興縣人

解元周鳳來　海陽縣人康熙己丑進士

謹按是科中式六十四人阮通志選舉表溢一人

又按　大清會典順治二年禮部題

准廣東中式八十六名阮通志順治八年恩加十名

是年廣東始開科取士共中九十六名十七年議各省鄉試

照舊額減半廣東中四十三名康熙三十

五年定中五十七名又按南海志番禺志

揭陽志是科　恩詔廣額七名

十二世道南字接東號木齋教授乾隆二十一年丙子科鄉試繇附生

以書經中式第三十七名

題目南容三復白圭

君臣也父子也

孔子登東　其瀾

典試梁國治　脩撰　浙江會稽縣人

博明　編脩　滿洲鑲藍旗人

解元梁尚秉　順德縣人聯捷進士

謹按是科中式七十九人

又按　大清會典康熙六十一年署巡撫年希堯奏廣東人文日盛應試士子至一萬二千餘人舊額僅中六十八名請照福建額數中八十五名覆准廣東照河南次省例取中七十四名連五經額共七十九名乾隆十二年議減中額七名定中額七十二名題名册是科平定金川廣東恩加七名

十三世吉兆　字迪之號樵南　直隸州同知　乾隆元年丙辰恩科鄉試繇附

生以詩經中式第二十一名

題目樂道人之　二句

時使薄斂　二句

夫仁亦在　一句

典試周龍官　檢討　江南山陽縣人

章大有　主事　浙江歸安縣人

解元談　德　南海縣人

謹按是科中式一百人

又按番禺志揭陽志是科廣額至一百名

十五世堯勳字瑞占號辰階　道光二十年庚子　恩科鄉試繇附生中

式第六十八名

題目子貢問爲　仁者

憲章文武

旣飽以德　義也

賦得江色鮮明海氣涼得涼字

典試楊能格 編脩 漢軍正紅旗人
高人鑑 御史 浙江仁和縣人
解元梁今榮 香山縣人

謹按是科中式七十一人
又按廣東定額七十二名內商籍一名因
人數不敷不與鄉試乾隆己亥 恩
科以後改爲七十一名嘉慶二十一年駐
防旗籍生員就近鄉試增額三名共七十
四名洎至是科旗籍生員因遵繙譯新例
不與仍改七十一名

士琦 字贊虞號畹亭 貤贈知縣 道光十九年己亥科鄉試縣廩生
中式第三名

題目賜也達於　何有
舟車所至
若孔子則聞而知之
賦得秋露如珠得圓字
典試張　芾　編脩　陝西涇陽縣人
潘　鐸　郎中　江蘇江寧縣人
解元李載熙　嘉應州人聯捷進士
謹按是科中式七十四人
次琦見上進士道光十九年己亥科鄉試繇附生中式第三
十八名
題目典試
解元見上
謹按阮元廣東通志及題名冊自洪武三
年庚戌舉行本省鄉試洎道光十九年己
亥歷一百六十八科吾南海學兄弟同中

式者李待問李陞問麗一崑麗振後至此
凡三見餘則非本學或非同懷也蓋科名
作合之難如此

武舉

八世建勳字文祥號赤城守備綠材官中式萬歷二十二年甲午二
十五年丁酉四十三年乙卯三科武舉
甲午主試闕
丁酉主試闕
乙卯主試王以寧 巡按 浙江紹興衛人

謹按明史選舉志太祖吳元年設文武二
科取士之令成化十四年從太監汪直請
始開武科鄉會試宏治六年定武舉六歲

一行至十七年改定三年一舉然自此至
崇禎朝其中條罷條復不必盡如初制也
選舉志又云嘉靖初定制各省應試武舉
者巡按御史於十月考試

十　世夢偉字衍翰號峻閣守備綵行伍中式萬曆四十三年乙卯四十六年戊午兩科武舉

卯主試王以寗　巡按　浙江紹興衛人
午主試王命璿　巡按　福建晉江縣人

十四世瑛字輯璧號勉亭乾隆三十三年戊子科鄉試綵武生中式第四十一名

主試鐘　音　巡撫　滿洲鑲藍旗人

謹按是科中式四十四人

又按會試則例廣東武科舊例多寡不等康熙二十三年定中四十名雍正元年增額四名遂定四十四名永制題名錄嘉慶十八年癸酉科添設旗額三名二十一年丙子科取中七名二十三年戊寅科取中五名嗣後每科俱中五名共四十九名　大清會典各省武鄉試以巡撫爲考試官

十五世鳳揚字定南號梧軒嘉慶十二年丁卯科鄉試錄武生中式第十三名

主試孫玉庭　巡撫　山東濟寧州人

謹按是科中式四十四人

貢生以宗支爲次　未准貢副榜附

五　世文錦字國俊號絅齋訓導署知縣鄉志有傳嘉靖四年乙酉歲貢

謹按明史選舉志貢生入監初繇生員選擇既命各學歲貢一人故謂之歲貢其例屢更洪武二十五年定府學歲二人州學二歲三人縣學歲一人至宏治嘉靖閒遂爲永制其始必考學行端莊文理優長者以充之其後但取食廩年深者按明貢生有舉貢歲貢選貢恩貢納貢諸目其後更有功貢

七　世謨見上舉人嘉靖二十一年壬寅繇廩生拔貢

謹按明史選舉志宏治中南京祭酒章懋言歲貢挨次之人資格所拘英才多滯乞

於常貢外令提學行選貢之法不分廩膳增廣生員通行考選務求學行兼優年富力强累試優等者充貢乃下部議行之此選貢之始又謂諸生上者中式或年久充貢或選拔爲貢生據此則拔貢卽選舉志之選貢也

潤 字綱伯號碧潭訓導 萬歷三十一年癸□歲貢

八世

完 字季美號白岳欽定書畫譜書家列傳欽定古今圖書集成理學典藝術典列傳縣志鄉志俱有傳 孫廩生徵

選貢國學不赴

謹按明史選舉志科 必繇學校而學校起家可不繇科舉者 縣學諸生入國學

者迺可得官不入者不能得也同處太學

舉貢得爲府佐貳及州縣正官恩生得

選部院府衛司寺小京職然則諸生徵選

貢國學正入仕之階而白岳公不赴宜當

時羣以爲高

九世光瑜字湯璧號海望 崇禎　年　歲貢

謹按雁戸部景忠雁屏公墓碑稱長孫光

瑜廩生而關主政家炳湛源公墓碑則云

公近百齡長子光瑜歲貢先公卒雁屏墓

碑撰於崇禎戊辰湛源公卒於桂王己丑

以二碑考之海望公爲三水學其貢蓋在

崇禎朝時方多難事易遺佚故三水志及鄉志俱漏載謹爲補錄至年分則闕以俟考

伯蓮見上乙榜進士崇禎三年庚午科鄉試繇附生以禮經中式副榜附見

題目上好禮則民易使也

徵則悠遠

德何如則一節

典試袁繼咸 主事 江西宜春縣人

闕

解元胡平運 新會縣人

謹按明史及南海魏志明崇禎十二年准大學士楊嗣昌奏詔各省鄉試副榜與正

榜同日揭曉准貢赴京考選　國朝因之
知前此猶未准貢也吾家未准貢副榜惟
淨煥公一人謹附著而條別之如此

十　世培源字惠脩號惠山康熙十一年壬子科鄉試繇廩生以禮經
中式副榜第七名准貢
題目我不欲人　一章
序事所以辨賢也
可欲之謂　二句
典試郭　昌　郎中　河南太康縣人
彭　襄　主事　四川中江縣人
解元彭洪績　順德縣人
謹按惠山公繇四會學廩生中式是科副
榜南海縣志僅謂繇四會科貢年分無考

殊疏舛培源誤作培元尤謬
又按學政全書我　朝府州縣學貢士成
均之法選拔貢生十二年一舉康熙三十六年題准照十年二十四年例選拔貢生府學二名其餘各學一名無文行兼優者寧闕毋濫三十九年停止六十一年復行選拔雍正五年　上諭六年選拔一次不拘一二三等生員均准收考乾隆七年定十二年一舉永著為例直省學政
於科考後考擇文行兼優者拔取又合通
省拔取者會督撫覆試文藝兼擇才品貢
入成均送部奏請　廷試考列一二等者
引　見候　旨錄用副貢生以鄉試
取中副榜升入太學准作貢生與選拔貢

生同歲貢生以廩膳生食餼年久者依次序貢府歲一人州三歲二人縣二歲一人恩貢生遇國家覃恩以本年正貢作爲恩貢與選拔及副貢同以需次待貢之生作爲歲貢如縣學不値貢期竢應貢之年補行優貢生學政歲科試竣於教官所報優生中擇其尤者送部考試准作貢生三年舉行一次大省不過五六名中省三四名小省一二名功貢生諸生有從軍者以功升諸太學准作貢生與優貢生均視歲貢納貢之例與明制同

元英字澄脩號嘯峯康熙五十一年壬辰歲貢

國材字篤甫號四古訓導　康熙十二年癸丑歲貢

謹按四古公本以　廷試第一爵授司訓

嚮例歲貢得任教職每縣　廷試高等學政

全書順治二年題准直省起送歲貢生以三月十五日　廷試三年題准改於四月十五日

至康熙二十六年　命歲貢免

赴京廷試縣是應貢皆在籍以年次待銓

故自嘯峯公而後無擁臯比者矣

十二世順昌字宏矩又字叔劉號北渚教授　康熙二十四年乙丑縣附生拔

貢

十三世博字赤堂號霞城　嘉慶十五年庚午科縣附生　欽賜副榜

謹按吾學錄凡鄉試三場完畢未經中式

年屆九十與屆八十之教職及恩拔副歲優貢生均請旨賞給舉人年屆八十之廩增附貢監生賞給副榜如前科已給副榜者毋庸再行加恩會試後年屆八十以上之舉人賞給學正銜者准其會試給檢討銜者不必會試如前科已有賞銜下科仍在八十以上者亦無庸再行加恩其九十五歲以上者給編脩銜百歲以上者給司業銜又按乾隆十七年上諭年老生監三場完竣未經中式者七十以上欽賜副榜八十以上欽賜舉人嘉慶十九年上諭照舊例加十歲方准列入舉行

十四世程萬以字行號南溟嘉慶十三年戊辰歲貢

十五世宗琦字相虞號宜城 咸豐十年庚申增貢

十六世庭森原名澄湘字廷琛號普存 分發教諭 道光十一年辛卯 恩科鄉試繇附生中式副榜第十三名准貢

題目其養民也 二句

愼思之明 行之

所以動心 不能

賦得一片冰心在玉壺得中字

典試丁善慶 編修 湖南清泉縣人

孫日萱 編修 安徽歙縣人

解元蔡錦泉 順德縣人聯捷進士

仕宦以宗支爲次 分發人員附

五世文錦見上貢生 嘉靖四年乙酉歲貢 廷試授廣西桂林府靈川縣儒學訓導歷署興安義寧兩縣知縣卒於官

七世謨　見上舉人　嘉靖三十一年壬子科舉人　授浙江湖州府通判歷署烏程縣知縣湖州府推官

讓　見上進士　萬歷二年甲戌科進士　授福建延平府南平縣知縣調繁江西撫州府臨川縣知縣萬歷丙子己卯科兩充江西鄉試同考官　敕授階文林郎　擢南京戶部河南清吏司主事兼管江西司事　晉階承德郎　欽差監督浙江北新關稅務陞本部員外郎晉本部貴州司郎中　簡授四川夔州府知府治行第一　賜璽書褒美　授階中憲大夫陳請致仕　召補湖廣鄖陽府知府未赴

桂干二年戊子以孫實蓮　誥贈嘉議大夫兵部

左侍郎　諭祭崇祀福建南平江西臨川名宦祠
廣州府學南海縣學鄉賢祠四川夔州府士民特
祠崇祀

潤見上貢生萬歷三十一年癸卯歲貢　廷試授南雄府
保昌縣儒學訓導

八世建勳見上武舉選材官萬歷二十二年甲午二十五年丁酉
四十三年乙卯三科武舉任直隸西山營守備

凌霄見上舉人萬歷十三年乙酉科舉人選肇慶府新興縣
儒學教諭萬歷丁酉科聘充湖廣鄉試同考官陞
湖廣武昌府咸寧縣知縣　勅授階文林郎陞雲
南寧州知州改貴州思南府安化縣知縣政最候

陛士民懇留　特旨晉定番州知州仍管安化縣
事轉山東平度州知州署青州府知府改江西贛
州府通判致仕贛州商民勒石儲潭廟紀政頌德
謹按明史循吏傳謂吏治淳厚部民奏留
悉報可又謂長吏多勵長者行以循良見
稱其秩滿奏留者不可勝紀畧舉數人列
於篇如史誠祖遷濟寧州知州仍視汶上
縣事李信圭遷蘄州清河民乞留命以知
州理縣事是也湛一公擢官留任與循吏
傳符僅列傳於貴州通志而史未登載殆
所稱畧舉數人而其餘未紀者歟

九　世端揆字有道號見庵歷任唐王府護衛指揮使司指揮使以特
薦護唐藩功　予世襲護衛指揮同知
伯蓮見上乙榜進士崇禎七年甲戌科乙榜進士　授直隸常
州府無錫縣儒學教諭陞中書科中書舍人奉
特勅督理江西兵餉　勅授階徵仕郎　擢戶科
右給事中兼兵科給事中
實蓮見上舉人天啟元年辛酉科舉人巡按提學疏舉人材
特簡浙江湖州府德清縣知縣　勅授階文林
郎賑荒申請免征不報尋以漕兑稽遲特參提問
謫直隸松江府照磨事白復職調直隸徐州府臨
淮縣知縣　擢刑部廣西清吏司主事兼兵部武

選司事戶部郎中奉　特勅團練水陸義師攝高
明縣事殉難　卹廕　誥贈奉議大夫光祿寺少
卿　加贈嘉議大夫兵部左侍郎三代同官　諭
賜祭葬　國朝乾隆四十一年丙申　賜謚烈愍
予祀府縣學忠義祠
謹按明史列傳廣東通志等書俱云烈愍
公官主事　欽定勝朝殉節諸臣錄
則云戶部郎中恭本　欽定圖書集
成氏族典公本傳敬謹錄入以補史乘之
遺南疆繹史卹謚考粵東詩海小傳俱作戶部郎中
叔蓮字子度號飛泉繇行伍積功薦陞游擊駐防桂林

光祖見上舉人萬歷四十年壬子科舉人　授廣西柳州府
融縣知縣　勅授階文林郎崇禎三年庚午科充
廣西鄉試同考官陞直隸揚州府通判
光允見上舉人萬歷四十三年乙卯科舉人　授惠州府龍
川縣儒學教諭陞國子監助教轉監丞陞戶部陝
西淸吏司主事戶部員外郎　欽差監督寳泉局
事卒於官本部疏請　卹典事蹟紀錄付史館
謹按省府縣鄉諸志均謂松蘿公官戶部
主事惟公門人關主政家炳誌湛源公墓
誌石現存則謂爲民部員外郎弟子述師官履
不應有誤第當日藎勤懋著眷畫優承爲

正授勅爲兼權勅爲賞卹勅不可考已

十　世夢偉見上武舉萬歷四十三年乙卯四十六年戊午兩科武舉任廣協左營把總陞千總荐陞惠州白雲營守備

國材見上貢生康熙十二年癸丑歲貢　廷試第一　授肇慶府開建縣儒學訓導

十一世昌國字懷六號相輝繇行伍軍功　授把總陞水師千總歷任水師中軍守備海陵大捷　擢援勦營都司陞撫標右營遊擊

宗元見上舉人康熙四十四年乙酉科舉人　授瓊州府崖州儒學學正卒於官

十二世順昌見上貢生康熙二十四年乙丑拔貢　授廣州府清遠縣儒學教諭歷任瓊州府文昌縣儒學教諭陞高州府儒學教授

道南見上舉人乾隆二十一年丙子科舉人　授廉州府靈山縣儒學訓導陞肇慶府儒學教授未上卒

昊業字徵恆繇行伍軍功任順德協右營把總

十三世吉兆見上舉人乾隆元年丙辰　恩科舉人　授河南汝州直隸州清軍糧捕水利鹽驛州同知卒於官

十五世次琦見上進士道光二十七年丁未科進士　欽點卽用知縣分發山西委署汾州府孝義縣知縣調署平陽府襄陵縣知縣告假在籍同治元年疊奉　諭旨

召用

謹按咸豐十一年十一月欽奉　上諭吏治與軍務相爲表裏吏治得人則小民安居樂業軍務自有起色近年吏治廢弛封疆大吏率以奔走逢迎稱爲能員其悃愊無華者該督撫往往目爲迂拙不列上考昨已超擢天津府知府石贊淸爲順天府尹用樹風聲俾資觀感著各省督撫留心查訪如有循良素著樸誠愛民者即行臚列事實專摺保奏候朕錄用欽此同治元年二月欽奉　上諭前直隸候補道

王檢心前甘肅甘涼道郭柏蔭前陝西西
安府知府徐棟前安徽候補知府李宗羲
湖南候補同知直隸州知州劉達善前四
川西陽州知州蔣若采前署山西襄陵縣
知縣朱次琦前湖南華容縣知縣徐台英
前四川東鄉縣知縣鍾昌勤候選同知朱
家程前戶部郎中楊寶臣記名湖北知府
張建基王璐夏錫麒文希范著吏部迅速
行文各該員原籍督撫給咨調取來京引
見以上各員如有在京者著該部查明即
行帶領引見丁憂刑部員外郎范泰亨著

俟服闋後繇吏部帶領引見各該員如有
經手地方公事一時未能起程卽著各該
督撫查明該員年歲履歷先行具奏候旨
錄用欽此九月欽奉　上諭本年二月
間降旨令前直隸候補道王檢心等來京
繇吏部帶領引見前甘肅甘涼道郭柏蔭
業經引見及各該督撫奏到未能赴京各
員外其餘應行引見各員著吏部查明仍
卽分別行文各該員原籍督撫催令迅速
來京毋再遲延欽此二月　諭旨以其
年四月繇兩廣總督兼署廣東巡撫勞

欽遵行司行縣諭到九月　諭旨以其
年十一月繇署理兩廣總督兼署廣東巡
撫晏　欽遵行司行縣諭到按此譜屬稾
原截至咸豐十一年辛酉歲終而止歷今
全譜漸次刊竣會十五世原官山西襄陵
縣知縣次琦疊奉　詔書調取進京引
見錄用爰亟行敬謹敘入以誌
恩遇葢恭逢　特典與尋常事款不同
非自亂其例也
又按前制誥門敘入同治元年同治五年
勅書以榮　君賜與此正同

十六世庭森見上貢生道光十一年辛卯　恩科副榜充副貢生二十一年赴部呈請就職直隸州州判咸豐元年呈請改就教職六年六月奉　旨以復設教諭不論雙單月歸部銓選並分發試用附見

薦辟以宗支爲次

七　世諤字次和號省庵鄉志有傳　辟授益王典儀所典儀正

八　世名臣字君倫　武生改充附生桂王元年丁亥薦署高明縣儒學訓導殉難　卹典不及

謹按桂王丁亥十月君倫公以訓導殉節高明而戊子褒卹之典竟不及其時桂王播遷聲聞隔越故自陳秋濤子壯張芷園

家玉兩閣部外赫赫如陳巖野兵科邦彥
且以其子恭尹伏闕上言迺詔贈官議諡
而我家徵龕公亦以會奉專勑起義聲迹
顯著始獲邀恩其餘一時同事諸忠多未
之及蓋方在查議廣州旋復淪陷此事益
無從考訊矣鄉中關崗臺孝廉鍾喜從巖
野死難清遠吳行之文學兆健辟署高明
教諭同時殉節均邮典不及與公同

九世　世禎字子端號懋庵武生海道辟選委管營哨兵務

會蓮字子茂號松濤附生桂王元年丁亥辟授推官

謹按明史選舉志崇禎十七年令被陷州

郡員缺悉聽撫按官辟選更置不拘科目

生員雜流人等

卜世官銘字去霞號嶼霞桂王元年丁亥辟授推官

封廕以宗支為次

六世文直字與剛號白川鄉志有傳萬歷十一年癸未以子讓贈承

德郎南京戶部河南清吏司主事

郭氏鄉志有傳以子讓贈安人

七世讓見上進士進士知府桂王二年戊子以孫實蓮贈嘉

議大夫兵部左侍郎諭祭

關氏鄉志有傳以夫讓封孺人晉封安人以孫實蓮

贈淑人諭祭

學濂 字次周號後溪 鄉志有傳 附生萬歷三十一年癸卯以子凌
霄 封文林郎湖廣武昌府咸寧縣知縣
陳氏以子凌霄 封孺人

八世

田 字可易號莘犂 鄉志有傳 增生唐王二年丙戌以子伯蓮
贈徵仕郎中書科中書舍人
李氏 鄉志有傳 以子伯蓮 封孺人
疇 字可敘號箕作 鄉志有傳 廩生崇禎十四年辛巳以子實蓮
封文林郎浙江湖州府德清縣知縣桂王二年
戊子以子實蓮 贈嘉議大夫兵部左侍郎 諭
賜祭葬
易氏 鄉志有傳 以子實蓮 封孺人 贈淑人 諭賜祭葬

凌沖字宏會號太一鄉志有傳增生萬歷　年　以子光祖

封文林郎廣西柳州府融縣知縣

闕氏以子光祖　贈孺人

曾氏鄉志有傳萬歷三十一年癸卯以夫凌霄　封孺人

九世陸氏唐王二年丙戌以夫伯蓮　封孺人

區氏崇禎十四年辛巳以夫實蓮　封孺人桂王二年

戊子以夫實蓮　晉封宜人　加封淑人

周氏萬歷　年　以夫光祖　封孺人

十世樸庵以號行字景熾乾隆四十五年庚子以孫道南　貤贈脩

職郎廉州府靈山縣儒學以教諭銜管訓導事

黃氏以孫道南　貤贈孺人

國薦字受子桂王二年戊子以父實蓮　恩廕國子監生

加廕國子監助教

謹按受子公廕國子監助教舊譜所載與世紀及林坡公墓碑相符鄉志僅謂廕子國子監生似乎互異考明史選舉志廕子入監有官生有恩生京堂三品以上得廕謂之官生出自特恩不限官品謂之恩生或即與職事或送監讀書又有以軍功廕錦衣者往往不繇太學恩生之始以吳雲死節雲南廕其子黼為國子監生其後守土官死事皆得廕子入監云云又考陳巖

野集載四朝成仁錄陳公傳桂王戊子郵
贈死事諸臣陳公贈太僕寺卿廕一子入
監御史饒元璜再疏言諸忠臣賞薄迺加
贈陳公資政大夫兵部尚書賜祭葬廕子
恭尹世襲錦衣衛僉事據此以知徵龕公
初次郵典贈光祿寺少卿廕一子入監以
饒御史言迺加贈嘉議大夫兵部左侍郎
賜祭葬而受子公迺繇監生再廕助教並
吉子公亦得廕世襲錦衣衛正千戶也鄉
志特紀之未詳耳

國藹字吉子號峩山桂王二年戊子以父實蓮恩廕世襲錦

衣衛正千戶

十一世起魁字景春號暘谷康熙五十三年甲午以子順昌　貤封登仕郎廣州府清遠縣儒學教諭康熙六十一年壬寅以子順昌　貤贈脩職郎瓊州府文昌縣儒學教諭

黃氏以子順昌　貤贈孺人

張氏以子順昌　貤贈孺人

世昌字元匯號鏡湖乾隆四十二年丁酉以子道南　貤封脩職郎廉州府靈山縣儒學以教諭銜管訓導事

曾氏以子道南　貤封孺人

十三世澄榕字蔭清號榕莊咸豐九年己未以孫澤琦　貤贈儒林郎

直隸州同知職銜

黃氏以孫澤琦　貤贈安人

德進字憲仰號善臺　咸豐十年庚申以孫次琦　貤贈文林郎

山西平陽府襄陵縣知縣

曾氏以孫次琦　貤贈孺人

十四世遇貴字國賓號宏川　咸豐九年己未以子澤琦　贈儒林郎直

隸州同知職銜

關氏以子澤琦　贈安人

成發字鎮元號奮之　從九品咸豐十年庚申以子次琦　贈文

林郎山西平陽府襄陵縣知縣

張氏以子次琦　贈孺人

關氏以子次琦　贈孺人

存禮字經儀號鳳羽咸豐九年己未以孫福元　貤贈奉政大夫同知職銜

關氏以孫福元　貤贈宜人

十五世士琦見上舉人舉人揀選知縣咸豐十年庚申以弟次琦　貤贈文林郎山西平陽府襄陵縣知縣

黄氏以夫弟次琦　貤贈孺人

炳琦字葆虔號隱石監生咸豐十年庚申以弟次琦　貤封文林郎山西平陽府襄陵縣知縣

梁氏以夫弟次琦　貤封孺人

廷貴字兆棨號慕韓咸豐九年己未以子福元　贈奉政大夫

同知職銜

張氏以子福元　贈宜人

杜氏以子福元　贈宜人

十六世睿臨以字行號德甫壽官咸豐十年庚申以子國恩　貤贈登

仕佐郎翰林院待詔職銜

關氏以子國恩　貤贈孺人

潘氏以子國恩　貤贈孺人

啟元字卓然號立山咸豐九年己未以弟福元　貤贈奉政大

夫同知職銜

關氏以夫弟福元　貤封宜人

奎元字興然號星垣咸豐九年己未以弟福元　貤封奉政大

夫同知職銜

賴氏以夫弟福元　貤封宜人

耀元字靄然號焜甫咸豐九年已未以弟福元　貤贈奉政大

夫同知職銜

關氏以夫弟福元　貤贈宜人

冼氏以夫弟福元　貤封宜人

文學以宗支爲次

三　世宗亮字允亮號寅齋徵仕郎以詩經補邑廩生

謹按明史選舉志洪武二年大建學校設

儒官定生員名額府設教授州設學正縣設教諭各一俱設訓導府四州三縣二生員之數府四十人州縣以次減十生員皆專治一

經十五年頒禁例十二條於天下鐫立臥碑不遵者以違制論宣德中定增廣之額京府學六十人外府四十人州縣以次減十初設食廩者謂之廩膳生員增廣者謂之增廣生員又於額外增取附於諸生之末謂之附學生員凡士子未入學通謂之童生初入學爲附生而廩膳增廣以歲科兩試高等充補之提學官在任三歲兩試諸生先以六等定優劣謂之歲考一等前列者視廩生有缺依次充補其次充補增廣生一二等皆給賞三等如常四等撻責五等則廩增遞降一等附生降爲青衣六等黜革繼取一二等爲科舉生員俾應鄉試謂之

科考其充補廩增給賞如歲試等第仍分爲六大抵歲科試俱多置三等不得應鄉試及撻黜僅百一亦可絕無也每舉人一名以科舉三十名爲率舉人屢增科舉之數亦日增又往往於定額外加取以收士心萬歷時張居正當國核減天下生員童生入學有一州縣僅入一名者旋如舊生員入學初絲巡按御史及布按二司府州縣官正統元年始專設提學兩京以御史直省用副使僉事應試之文通謂之舉業四書義一道二百字以上經義一道三百字以上諸生或累試不第年逾五十願退閒者給與冠帶仍復

其身

又按南海魏志　國朝考法沿舊制順治

八年定生員額大縣取進四十人中縣小縣以次遞減十六

年減額大縣取進十五人中縣小縣遞減科歲併爲一考

康熙十三年復科歲兩考雍正三年廣童

試入學額大縣加五名中縣小縣遞減乾隆元年

覃恩加額大縣加入七名中縣小縣遞減嗣後

覃恩加額者如式又學政全書康熙四十

五年議准童試條例正考四書文二覆試四書文一小學論一

雍正元年議准生童歲試格式四書文二經文一遇

冬四書文一經文一乾隆二十三年定生童俱五經

通習增五言六韻詩生員歲試四書文一經文一科試四書文一策一童試正考四書文二覆試四書文一經文一俱有詩　又康熙四十五年改提學道爲學院雍正七年分肇高雷廉瓊羅六府州設肇高學院乾隆十六年裁如舊

五　世光字德輝號蒙庵以　經補郡廩生鄉志有傳

正字國正號遁齋以　經補郡增生

廷哲字國賢號逸夫壽官以易經補邑庠生改連州庠生

文錦見上以詩經補邑廩生貢生

謹按鄉志選舉錄載絅齋公連州籍而公墓誌則云入本郡縣學墓誌爲曾主政仕鑑撰外孫誌祖年代復近所言必無差謬

固當從墓誌更正

六世人侃 字汝直 號兩岑 以禮經補郡廩生

鐸 字道振 號同川 以詩經補肇慶庠生改郡庠生

世芳 字時元 號東里 以易經補連州庠生

希震 字與治 號屏川 以詩經補邑庠生

七世應白 字敵明 以 經補郡庠生

佐 字宗堯 號九溪 以詩經補從化庠生

誥 字次綸 號旋溪 以詩經補瀧水庠生

謨 見上舉人 以詩經補瀧水廩生

誎 字次忠 號桂崖 以詩經補邑庠生

讓 見上進士 以詩經補郡庠生

學章 字次貞 號近池 以詩經補瀧水庠生

悅仁 字次顏 號沙村 以詩經補邑庠生

學濂 見上 封廕 以詩經補邑庠生

學懋 字少脩 號龜臺 壽官鄉志有傳 以詩經補郡庠生

昌期 字少昇 號靜谷 以禮經補西寧廩生

謹按萬歷五年征羅旁改瀧水縣爲羅定州置東安西寧兩縣 通志職官表作萬歷四年置縣五年陞瀧水爲羅定州 我家有羅定西寧學而無瀧水學自此始

涫 字平伯 號萊洲 以禮經補邑庠生改西寧庠生

謹按萊洲公故邑庠晚年以二子先逝姪

繼鳳事之如父既而繼鳳食餼西寧不得
朝夕侍常悒悒公遂呈請改籍而就養焉
事詳黃副使應秀惺宇公墓碑

潤見上貢生以禮經補西寧廩生

八世

儀字惟羽號旋江以詩經補郡庠生

儼字惟望號沛江以詩經補郡庠生

漸字于漸號敬源以經補郡庠生

名臣見上薦辟番禺武生考取入文闈三場完竣改充庠生

孟養字仲衡以經補邑庠生

大仕字宏通號湛源鄉志有傳並見縣志以經補邑庠生

之翰字肖羽號廷翼以經補邑庠生

士建字公衍號派緒以詩經補郡庠生

士遇字公臣號艮吾以詩經補邑庠生

思兼字　以　經補邑庠生

謹按思兼之名康熙丙申譜失載世紀有之亦不詳其字號支派今閱林坡公墓碑儼然在諸曾孫之列注爲南海庠生豈其子孫久絶難考即世紀所載亦第得之林坡墓碑也歟

艮德字君熙號鎮南以詩經補新會庠生

樵　字叔祥號攢雲以禮經補順德庠生鄉志有傳

完　見上以禮經補順德廪生改邑廪生貢生

田　見上封廕　以詩經補邑增生

疇　見上封廕　以詩經補邑廩生

賓揚　字可言號則明　以詩經補邑庠生

必遂　字宏忠號養吾　以禮經補西寧庠生

必逞　字宏效號端吾　以詩經補西寧庠生

遐　字叔華號石室鄉志有傳　以書經補西寧庠生

凌冲　見上封廕　以書經補邑增生

凌霄　見上舉人　以禮經補郡增生

際泰　字宏俊號同壘　以書經補西寧庠生

繼鳳　字省陽號惺宇　以禮經補西寧廩生

繼芳　字省恩號涵宇　以書經補西寧庠生

謹按舊譜作新寧庠誤據淨煥公伯蓮本
墓誌更正

儒彬 字宏彥 號丹葵 以書經補西寧庠生

之煥 字宏芳號太赤 鄉志附父學業傳 以 經補番禺庠生

儒標 字君法 號居連 以 經補西寧庠生

繼文 字 以 經補邑庠生

謹按繼文之名舊譜及世紀俱失考據樂
槃公墓誌增脩

九 世大順 字裕卿 號若谷 以詩經補西寧庠生

永顯 字耀忠 號恪元 以 經補西寧庠生

光瑜 見上 貢生 以禮經補三水廩生

光瑋字禹[illegible]號粵珍以經補郡庠生或作邑庠誤據關主政家炳題本墓碑更正

大鵬字程萬號九[illegible]以經補邑庠生

裔傑字秀波號華芝以經補番禺庠生

端御字自李號中洲以詩經補西寧庠生改邑庠生

端士字孟周號荊門以詩經補邑庠生

端履字惟素以詩經補邑庠生

伯蓮見上乙榜進士以禮經補郡庠生

協蓮字子勤號庇亭以詩經補邑庠生

儀蓮字子習號穀庵以經補邑庠生

實蓮見上舉人以禮經補邑廩生或作番禺籍誤

會蓮見上薦辟以經補邑庠生

期蓮 字子愛 號長齡 以 經補三水庠生

朝瑞 字子信 號玉桓 以 經補新會庠生

光祖 見上 舉人 以書經補邑庠生

光允 見上 舉人 以禮經補邑廩生

光衡 字開之號開雲 鄉志有傳 以禮經補邑廩生

響 字澤之 號貞明 以易經補番禺庠生

瑞珍 字式之 號適枝 以詩經補羅定庠生

若聖 字子輝 號魯庵 以禮經補邑庠生

璧 字乾章 號楚穀 以 經補邑庠生

宴 字乾泰 號雲漪 以禮經補郡庠生

璿衡 字乾齊 號雲庵 以 經補郡庠生

雲路字爾蟾號青梯以 經補邑庠生

十 世王相字台鼎號紫垣以詩經補西寧庠生

官泰字養恬號象山以詩經補邑庠生

光傑字文熙號止庵以詩經補新會庠生

昌時字道亨號谷芳以禮經補邑庠生

培源見上貢生以禮經補四會廪生

元英見上貢生以詩經補新興廪生

田眞字塤子號衷怡以詩經補邑庠生

汝楫字悅濟以禮經補邑庠生

汝枬字木長號頑仙以禮經補邑庠生

禧龍字居壯號南軒以春秋經補順德庠生

緯　字明生 號耀昆　以詩經補連州庠生

國臣　字世甫 號南喬　以詩經補邑庠生

國材　見上 貢生　以易經補郡廩生

殿孚　字光卿 號樂餘　以、經補邑庠生

十一世龍光　字景化　以禮經補順德庠生

行法　字憲侯 號樂莘　以禮經補郡庠生

俊崧　字伯申　以詩經補邑庠生

長祚　字永斯　以易經補邑庠生

學進　字結尊 號逸洲　以禮經補雷州府庠生改郡庠生

溥文　字迺思 號九嶷　以、經補合浦庠生

烈　字迺正 號又揚　以春秋經補三水庠生

宗元見上舉人以禮經補邑廩生

耀眞原名之信字衢升號劬齋以　經補信宜庠生

燮元字始升號東暘以詩經補連州廩生

成泰字擢公以禮經補郡庠生

十二世順昌見上貢生以詩經補恩平庠生

名世字澤望以詩經補連州庠生

道南見上舉人以書經補邑庠生

靈江原名兆鼇字萃洲以易經補番禺廩生

希夔原名憲昭字洪先以詩經補郡庠生

春林字太生號梅軒縣考冠軍補邑庠生

蕃字我衍號晉源以禮經補三水廩生改邑廩生

淮字匯衍號待齋以　經補化州廩生

十三世達字擢文號粵叟以禮經補郡庠生

宏燦字聚五號環溪以禮經補郡庠生

吉兆見上舉人以詩經補邑庠生

聯兆字貫之號東源以　經補邑庠生

炳元字劍書號龍泉郡增生

福字錫遠號景園通考南海番禺兩試皆捷補邑庠生

博見上貢生府考冠軍補郡庠生

十四世程萬見上貢生邑廩生

桂林字墫芳邑庠生

儒乾字埏珍號璞齋通考南海番禺兩試皆捷補邑庠生

衣字緯垣號星明邑庠生

十五世璘字璘曜號我坡邑庠生

堯勳見上舉人邑庠生

士琦見上舉人邑廩生

次琦見上進士以古學冠軍補邑庠生

宗琦見上貢生以經學補郡增生

十六世庭森見上貢生郡庠生

逢望字呂常號步樓邑庠生

十七世配麒以字行號靈初郡廩生

謹按世紀有十世光圻字瓊公邑試冠軍未及提學考而殁檔冊有十五世深遠以字行號

浚泉古學優取充佾生附見於此

武學以宗支爲次

八　世名臣見上薦辟番禺武生

謹按明史選舉志崇禎十年始令天下府州縣學皆設武學生員提學官一體考試吾家明世武學絕希以此

又按學政全書武生照例屬教官管束歲試優等者錄送科舉如文生員之例但無科考亦不食餼

九　世世禎見上薦辟邑武生

十　世培浩字　新興武生

謹按培浩之名舊譜不載鄉鬮雖見於世紀
未敢據以爲然今考八世莘犂公墓碑實
與培源培泓等並列諸孫之内注爲新興
武庠豈其人早亡無嗣後竟遺之歟

夢熊字端脩號鍾陽恩平武生

謹按世紀以鍾陽公爲武生詳公墓誌意
似文庠未知孰是姑從世紀以俟考

鴻飛字蒨子號自得恩平武生

昌勝字元文恩平武生

十一世延昇字去非號定遠四會武生

英標字夔伯邑武生

起昌 原名若乾 字文輝 四會武生

十四世瑛 見上 武舉 邑武生

璋 字捧萬 號玉田 邑武生

龍 字飛萬 號雲田 邑武生

十五世鳳揚 見上 武舉 縣考冠軍補邑武生

美揚 字清南 號寶軒 邑武生

大江 字漢廣 號朝宗 邑武生

國學 以宗支爲次

十二世元叔 字乾滋號江峯 例主簿 雍正七年己酉監生

謹按明史選舉志謂例監之始景泰元年

以邊事孔棘令天下納粟納馬者入監讀

書其後或遇歲荒或因邊警或大興作率援往例行之明實錄景泰四年四月己酉右少監武艮禮部右侍郎兼左春坊左庶子鄒幹等奏臨清縣學生員伍銘等願納米八百石乞入監讀書今山東等處正缺糧儲宜允其請從之并詔各布政司及直隸府州縣學生員能出米八百石於臨清東昌徐州三處賑濟願入監讀書者聽五月庚申令生員納米入監者比前例減三百石天順五年十月令生員納馬廿匹補監生潞水客談嘉靖隆慶時入監者納銀三百五十兩國朝遂仍其制又按陔餘叢考納粟入監之例自景泰中始朱國禎湧幢小品云近日民生納粟一途人頗輕之然羅圭峯玘以七試不錄入貲北雍中解元會元蓋既有此途可以就試則人才

亦即出其中固未可以一概論也

龍徵 字嘉瑞 例州同 康熙 年 監生

元艮 字貞一 號振國 雍正九年辛亥監生

十三世大成 字伊在 號琢齋 康熙 年 監生

大昌 字祀霄 號二樂 乾隆三十九年甲午監生

賢 字昭百 號睿圃 乾隆四十五年庚子監生

尚昌 字拜謙 乾隆三年戊午監生

青錢 字時貴號性宜 例主簿 乾隆二十三年戊寅監生

綸 字翰書 號樂行 乾隆四十五年庚子監生

十四世珽珍 字宗耀 乾隆三十六年辛卯監生

有才 字掄聖 號廉齋 嘉慶五年庚申監生

雲萬 以字行 號南臺 嘉慶十六年辛未監生

鸞彩 以字行 號樸廬 道光六年丙戌監生

十五世光宇 字維昌 號曉崖 嘉慶十五年庚午監生

文高 字浩蒼 號秀亭 嘉慶七年壬戌監生

深揚 字注南 號湖溪 嘉慶十三年戊辰監生

湘遠 字相遠 號善亭 咸豐八年戊午監生

汝浩 字法堯 號淦泉 咸豐九年己未監生

澤琦 字沅昌 號芷瀞 例州同 咸豐九年己未監生

炳琦 見上 封廕 道光十九年己亥監生

祖年 字易彬 號文石 咸豐十年庚申監生

禮業 以字行 號履甫 咸豐九年己未監生

十六世軼羣 字傑隆 號拔凡 道光十二年壬辰監生

錫璣 字成寶 號懷川 咸豐十年庚申監生

輝寶 字漢輝 號曉川 道光十七年丁酉監生

懋森 字翼貽 咸豐十年庚申監生

維周 以號行 字翰文 咸豐六年丙辰監生

福元 字瀟然號錫五 例同知 咸豐九年己未監生

顯元 字惠然號朗山 例州同 咸豐九年己未監生

十七世杰 字佩瓊 咸豐七年丁巳監生

瀚 字鳴謙 號鶴亭 道光二十六年丙午監生

國恩 字錫謙號少屏 例待詔 咸豐十年庚申監生

恩例以宗支爲次

三世宗亮見上文學洪武二十九年丙子繇廩生蒙　恩授階徵仕郎

八世必隆字君美號太和萬歷　年蒙　恩授鴻臚寺序班

之鑾字宏瑞號兆吾萬歷　年蒙　恩授鴻臚寺序班

十二世元叔見上國學雍正十年壬子繇監生援　例授縣主簿職銜

龍徵見上國學康熙　年繇監生援　例授直隸州同知職銜

十三世青錢見上國學乾隆二十三年戊寅繇監生援　例授縣主簿職銜

十四世成發見上封廕嘉慶二十四年已卯援　例授從九品職銜

十五世名揚字壯南號彤軒嘉慶二十五年庚辰鹽課議敘　給從九品職銜

澤琦見上國學咸豐九年己未繇監生援　例授直隸州同知職銜

十六世祥光字耀懷號照山道光二十一年辛丑援　例授未入流職銜

福元見上國學咸豐九年己未繇監生援　例授同知職銜

顯元見上國學咸豐十年庚申繇監生援　例授直隸州同知職銜

十七世元貴字偉隆號卓軒咸豐十一年辛酉援　例授從九品職銜

國恩見上國學咸豐十年庚申繇監生援　例授翰林院待

詔職銜

冠帶頂戴 以宗支爲次

五　世廷昭 字國明 號林坡 以年例　恩給八品冠帶

謹按明史食貨志謂明太祖行養老之政
民年八十以上賜爵是後遇國有慶賚倶
賜民爵級　國朝因之

廷安 字國寧 號公所 以年例　恩給八品冠帶

廷哲 見上 文學 附生以年例　恩給八品冠帶

廷華 字國用 號裕齋 以年例　恩給八品冠帶

六　世文重 字與充 號蒲泉 以年例　恩給八品冠帶

文捷 字與元號仰柏 鄉志有傳 以戸長管庫京運舉鄉飲賓　恩

給八品冠帶

謹按明史食貨志糧長者太祖時令田多者爲之督其鄉賦稅歲七月州縣委官偕詣京領勘合以行糧萬石長副各一人輸以時至得召見語合輒蒙擢用景泰中革糧長未幾又復日知錄明初以大戶爲糧長掌其鄉之賦稅多或至十餘萬石運糧至京得朝見天子或以人材授官

七 世學懋見上文學附生以年例 恩給八品冠帶

八 世必遜字宏禮號復庵禮部儒士 恩給冠帶

謹按明史選舉志大比之年間取一二異

敏三場並通者俾與諸生一體入場謂之
充場儒士廣東新語倫公文敘霍公韜皆
以儒士入科中式未嘗一日爲諸生是尤
可異按我鄉前明先輩關教諭銘鄧訓導誠陳知縣光等亦繇儒士中式

十世孔陽字寅昇號耀東禮部儒士　恩給冠帶
烜字元士號閒樂充鄉賢禮生　給頂戴
炖字裕君號存心充廣府學禮生　給頂戴

十二世順龍字從矩號丈雲禮部儒士　恩給頂戴
順椕字困矩號接希禮部儒士　恩給頂戴
元憲字文生號岐齋見縣志乾隆六十年乙卯　萬壽慶典　恩
給八品頂戴

十三世一連字奕光號錦堂乾隆六十年乙卯　萬壽慶典　恩給八品頂戴

可昌字燕章號静安見縣志乾隆六十年乙卯　萬壽慶典　恩給八品頂戴

世貞字興祖號江勝嘉慶七年壬戌舉鄉飲賓　恩給頂戴

務章字斐興號炳齋嘉慶元年丙辰　登極大典　恩給九品頂戴

務賢字遠興號順齋嘉慶元年丙辰　登極大典　恩給九品頂戴

十四世御璧以字行號玉田嘉慶十四年己巳舉鄉飲賓　恩給頂戴

吉字啟明咸豐八年戊午梧州軍功議敘　給七品頂

戴

樹勳字建朝　咸豐五年乙卯城廂團練議敘給九品頂戴

輔璽字焯朝號紱屏　咸豐元年辛亥　登極大典　恩給九品頂戴

華新字榮萬號守其　道光十九年己亥舉鄉飲賓二十六年丙午　萬壽慶典　恩給九品頂帶

暉彩以字行號曦樓　道光二十六年丙午　萬壽慶典　恩給九品頂戴

敬業以字行號匯川　咸豐元年辛亥　登極大典　恩給九品頂戴

應銓字焯能號學農咸豐十年庚申　萬壽慶典　恩給九品
頂戴
玉田以號行字亮瑜道光二十六年丙午　萬壽慶典　恩給
九品頂戴
碧峯以號行字賓瑜道光二十六年丙午　萬壽慶典　恩給
九品頂戴
福興字叶倫號敍亭咸豐十年庚申　萬壽慶典　恩給九品
頂戴
槐芳字擎天號如軒道光元年辛巳　登極大典　恩給九品
頂戴
榮脩以字行號仁則道光二十六年丙午　萬壽慶典　恩給

九品頂戴

十五世康衢 字協廣 號平波 道光二十六年丙午 萬壽慶典 恩給

九品頂戴

雲鵬 以號行 字蕃千 道光二十六年丙午 萬壽慶典 恩給

九品頂戴

眷南 以字行 號顧廷 咸豐元年辛亥 登極大典 恩給九品

頂戴十年庚申 萬壽慶典 加給八品頂戴

燦隆 以字行 號碧岸 咸豐元年辛亥 登極大典 恩給九品

頂戴

士毅 字眉遠 號忍軒 咸豐元年辛亥 登極大典 恩給八品

頂戴

殿榮字以行號槐莊道光二十六年丙午萬壽慶典恩給

八品頂戴

明業字文基號啟傳咸豐十年庚申萬壽慶典恩給九品

頂戴

耀廷字以行號光國道光二十六年丙午萬壽慶典恩給

八品頂戴

翰堂字以行號雲甫咸豐元年辛亥登極大典恩給八品

頂戴

顯榮字勵昌號錦亭道光十二年壬辰平猺軍功議敘給七

品頂戴

汝珙字燦如號雲漢咸豐十年庚申萬壽慶典恩給九品

頂戴

儀章以字行號脩屏道光二十六年丙午萬壽慶典恩給九品頂戴

鳳墀以號行字華國道光十一年辛卯萬壽慶典恩給八品頂戴

敷政字寀國號炳量咸豐十年庚申萬壽慶典恩給九品頂戴

科林字璧艮號如軒咸豐十年庚申萬壽慶典恩給九品頂戴

懿林字景艮號福軒咸豐十年庚申萬壽慶典恩給九品頂戴

文林字國英號耀廷咸豐元年辛亥　登極大典　恩給九品

頂戴

松志字容彬號璞石咸豐十年庚申　萬壽慶典　恩給九品

頂戴

十六世夔鏞字景祥號碧溪咸豐十年庚申　萬壽慶典　恩給九品

頂戴

鈞鏞字以祥號麗水咸豐十年庚申　萬壽慶典　恩給九品

頂戴

貴球字寶常號厚齋咸豐十年庚申　萬壽慶典　恩給九品

頂戴

直剛以字行號仁山咸豐元年辛亥　登極大典　恩給八品

頂戴

睿臨見上封䕃道光二十六年丙午　萬壽慶典　恩給九品頂戴

初裏字經臨號綸甫咸豐十年庚申　萬壽慶典　恩給九品頂戴

仁甫以號行字廷芳咸豐元年辛亥　登極大典　恩給九品頂戴

松齡字榮芳號樂閒咸豐十年庚申　萬壽慶典　恩給九品頂戴

松年字幹芳號南嶺咸豐十年庚申　萬壽慶典　恩給九品頂戴

懷舒字岐業號念周咸豐十年庚申　萬壽慶典　恩給九品
頂戴
南山以號行字永隆咸豐元年辛亥　登極大典　恩給九品
頂戴十年庚申　萬壽慶典　加給八品頂戴
桐保字滿朝號鳳池咸豐十年庚申　萬壽慶典　恩給九品
頂戴
英茂字豪彰號侶顏咸豐十年庚申　萬壽慶典　恩給九品
頂戴
十七世芝貴字秀敷號寶庵咸豐十年庚申　萬壽慶典　恩給九品
頂戴
旌節以宗支爲次

四世仕志妻黃氏欽定圖書集成閨節傳廣州貞烈傳省郡邑志俱有傳嘉靖二年癸未郡邑
紳儒耆老以氏德侔共姜動遵禮法堅歷凊苦四
十餘年遠近敬仰號曰女宗籲呈邑令李源令以
氏志行可嘉實關風化合應表揚勵俗申請司道
撫按詳允逕疏奏　聞三年甲申禮部尙書席書
題奉咨行覆勘覈實布政使林富分巡按察僉
事李中奉此兩陳奏疏四年乙酉特蒙　聖旨旌
表節婦　勅有司建坊旌門仍蠲免丁役崇祀節
孝祠

謹按明史職官志禮部儀制司以旌表示
勸勵而　國朝因之　大清會典

京師暨各省府州縣衞各建節孝祠一祠
外建大坊應　旌表者題名其上身後
設位祠中各省緫督撫學政會題取具冊
結送部覈題其在部呈請者緫部行查督
撫覈實咨部題准後令地方官給銀三十
兩建坊如奉有　御賜詩章匾額緞疋
緫內閣交部發提塘齎送督撫行地方官
給領守節之婦不論妻妾自三十歲以前
守節至五十歲或年未五十身故其守節
已及十五年（現行事例改十五年爲十年）果係孝義兼
全阨窮堪憫者俱准　旌表其循分守

節合年例者給與清標彤管四字匾額於
節孝祠另建一碑鐫刻姓氏不設位不給
坊銀婦人因子受封准與　旌表因夫
受封守節者不准　旌表夫婦未成婚
流離失散守節至老合巹者准與　旌
表建坊用貞義之門字樣孝女以父母未
有子孫終身奉親不嫁者如孝子例未婚
貞女合年限者如節婦例其有在夫家守
貞身故及未符年例身故者一體　旌
表婦女遭寇守節致死雖事歷年久覈實
准其補行題請給銀建坊如無親屬則官

爲建坊於墓前節孝祠內設位婦女因强
姦不從致死及因調戲自盡非曾再醮者
刑部禮部會題請　旨建坊如例猝遭强暴
被污見戕及被污後刻即捐軀者坊銀減半不於祠內設位本夫逼令
賣姦抗節自盡者童養之女未成婚拒夫
調姦致死者建坊於父母之門節婦被親
屬逼嫁致死者　旌表如例若係翁姑
逼勒坊銀另擇家長支領督理建坊孝子
割股傷生及烈婦夫亡無逼迫而遽殉節
者例不准旌如有奏請　旌表者入祀
建坊候　旨遵行

八世必遒字叔政妻張氏鄉志有傳以節婦旌崇祀節孝祠

逝熹號東一妻關氏鄉志有傳以殉夫烈婦旌崇祀節孝祠

九世協蓮庠生妻盧氏欽定圖書集成閨烈傳廣州貞烈傳省郡邑志俱有傳以殉難烈婦旌崇祀節孝祠

協蓮妾周氏李氏欽定圖書集成閨烈傳廣州貞烈傳省郡邑志俱有傳以殉難烈婦旌崇祀節孝祠

協蓮女十姑細姑嫌姑欽定圖書集成閨烈傳廣州貞烈傳省郡邑志俱有傳以殉難烈女旌崇祀節孝祠

謹按省志府志縣志及廣州貞烈傳庇亭公協蓮家難尙有媵婢張繡雲同時殉節所謂一門七烈聞者敬焉者也以婢媵未

邀　旌典附著於此嘉慶二十三年欽定大清會典凡僕婦婢女女尼女冠拒姦致死者建坊於本婦女墓前不於祠內設位

十一世廷智字亮臣妻鄭氏鄉志有傳以節婦　旌崇祀節孝祠

十三世尚昌字拜謙監生妻曾氏

十四世玿珠卿韶珠妻關氏

宏浩字蔭堂妻劉氏

文貴字毓寀妻關氏

保芳字瓊秀妻關氏

國棟字叢仰妻黃氏

天福字眷西妻伍氏

十五世大江武生妻鄧氏

借安字泰憑妻張氏

以上俱道光二十六年彙　題奉　旨旌表崇祀

節孝祠見南海節孝錄

謹按南海節孝錄道光二十六年十月在

籍吏部主事員外郎銜區玉章兵部主事

員外郎銜何文綺前太僕寺少卿馮贊勳

郎選郎中伍崇曜內閣侍讀孔廣鏞等舉

人呂陳謨等副貢生霍脩士等歲貢生區

鑑仁等廩生程翔萬等生員陳燕文等呈

爲聯舉節孝乞詳請　旌表以彰潛德

事章等採訪經時搜羅闔縣現訪得邑內

已故節婦共七百零五口現存節婦共一千三百八十六口已故貞婦共二十二口現存貞婦共四十七口又烈婦共二口聯懇倣照江蘇陽湖武進彙請　旌表合建總坊成案伏乞鑒核轉詳彙請　旌表以建總坊而彰潛德云云經該學查明繇縣府遞詳到司經署布政司嚴良訓覆核轉詳到院兵部侍郎廣東巡撫黃恩彤會同協辦大學士兩廣總督耆英刑部右侍郎廣東學政全慶會　題請　旨二十八年三月初三日准禮部咨到彙題二

十六年分貞孝節烈婦女及南海順德二
縣採訪各節孝婦女准其旌表卽便轉行
欽遵查照飭令該府州統計所屬貞孝節
烈婦女共若干口給銀三十兩官爲總建
一坊題名其上毋庸按口給銀已故者於
節孝祠內設位致祭

大端字成業　聘妻陳氏

印點字存大　妻黃氏

謹按大端妻陳氏十六歲夫亡奔喪守貞
五十三年現年六十八印點妻黃氏二十
八歲夫亡守節四十五年壽七十二曩年

並邀　旌表緣節孝錄失載蔀屋冰
操豈能自理倘教蘙没終古嚮隅故附誌
其年例節槪於此

待旌節婦附以宗支爲次

九世現蓮妻歐陽氏三十歲夫亡守節四十九年壽七十八
十一世欽沐聘妻黄氏十七歲夫亡奔喪守貞四十九年壽六十
五
十二世公敏妻關氏二十二歲夫亡守節四十八年壽六十九
十三世令文妻關氏二十九歲夫亡守節四十八年壽七十六
十四世孫憲妻馮氏二十四歲夫亡守節五十九年壽八十二
丙科妻張氏三十歲夫亡守節二十八年壽五十七

仕賢妻關氏三十歲夫亡守節二十九年現年五十八

兆祖妻陳氏二十九歲夫亡守節三十二年壽六十

惠聯妻岑氏二十歲夫亡守節五十八年壽七十七

十五世次言聘妻關氏十五歲夫亡奔喪守貞五十八年壽七十二

學序妾關氏二十二歲夫亡守節四十八年現年六十九

艮弟妻關氏二十七歲夫亡守節三十三年現年五十九

士元妻關氏二十四歲夫亡守節三十六年壽五十九

鴻業妻梅氏三十歲夫亡守節五十二年壽八十一

細榮妾黃氏二十五歲夫亡守節三十年現年五十四

協毓妻張氏二十歲夫亡守節三十七年現年五十六

上八妻關氏二十七歲夫亡守節二十九年壽五十五

十六世政楚聘妻關氏二十歲夫亡奔喪守貞四十五年壽六十

四

初榮妻關氏二十九歲夫亡守節五十一年壽七十九

其良妻關氏二十四歲夫亡守節十九年壽四十二

松盛妻黃氏三十歲夫亡守節二十六年壽五十五

志廣聘妻鄧氏十七歲夫亡奔喪守貞四十一年壽五十

七

志浩聘妻關氏十四歲夫亡奔喪守貞十八年壽三十一

根茂妻關氏二十九歲夫亡守節五十六年現年八十

四

彬容妻黃氏十九歲夫亡守節三十三年現年五十一

十七世杏梅妻李氏二十九歲夫亡守節四十三年現年七十

一

啟信妻關氏三十歲夫亡守節三十八年壽六十七

謹按採訪冊節婦一冊尚有十三世連享妻關氏十四世明保妻關氏十五世松賢妻關氏十六世東球妻黃氏榮貴妻關氏式曾妻關氏查係孝義無虧阨窮堪憫覈與 功令相符惟確查年例是否已合

未據登覆今全書付刻礙難編列亦未便
漏遺附誌於此

待旌百歲附

七世韜　字懋光號粵林　壽一百歲
鄉志有傳

謹按明史職官志禮部儀制司以旌表示
勸勵而　國朝因之　大清會典者
壽至百歲係督撫題請　旌表者壽民
給與昇平人瑞字様壽婦給與貞壽之門
字様兄弟同臻百歲者給與熙朝雙瑞字
様夫婦同登百歲者給與期頤偕老字様
均令並建一坊壽至百有十歲者坊銀加

倍百二十歲加二倍百三十歲以上請

旨加賞不拘成例

九世守柄字鳴甫號敬波壽一百歲

十一世庠序字元學號念倫見縣志壽一百歲

耆壽壽婦附先九十後八十各以宗支爲次

耆壽

五世章字德美號林叟見縣志壽九十七

瓚字國璋號秋澗壽八十六

六世文經字邦紀號鵠沙壽八十四

文重見上冠帶頂戴壽八十六

七世崇業字富始號柳臺壽九十八

建中字次端號雁屏壽八十

彤　字懋德號穗林鄉志附兄韜傳　壽八十七

學章　見上文學　壽八十三

學濂　見上封廕　壽八十七

學業　字兢伯號性庵鄉志有傳　壽八十一

八世大仕　見上文學　壽九十八

儀　見上文學　壽八十五

士貫　字宏旦號龍池　壽八十四

遐　見上文學　壽八十六

凌冲　見上封廕　壽八十四

凌霄　見上舉人　壽八十二

之煥　見上文學　壽八十三

九世大秩　字明典號接源　壽八十五

伯蓮見上乙榜進士壽八十一

十世才華字台英號英吾壽八十九

芳元字岳林號石塘壽八十一

王蕃字悅基號懿吾壽八十五

元英見上貢生壽八十三

炖見上冠帶頂戴壽八十

汝賢字建立號省我壽八十二

十一世萬興字昇文號善寀見縣志壽九十六

世昌見上封廕壽八十四

奇昌字演隆號卜五壽八十

長祚見上文學壽八十

可達字特錫號潛谷壽八十三

十二世元憲見上冠帶頂戴壽九十八

迪乾字長元號健堂見縣志壽九十七

式謨字道端號泰峯見縣志壽九十

崇志字敦客號厚庵壽八十一

官帶字尙雄壽八十四

龍標字超瑞壽八十六

阿珠字邦成壽八十四

福字遇恩號純軒壽八十三

厚郎字豔夫壽八十二

謹按吾族耆壽自道光朝以來各有簿籍

可稽參之原主年歲胥合惟十二世以上

秪據墓誌及紀載諸書登錄故所得尙希

十三世天眷字德隆號南山壽九十一

正紀字秩長號敬亭見縣志壽九十五

閏貴字澤林號靄亭見縣志壽九十四

可昌見上冠帶頂戴壽九十六

有弟字賢舉見縣志壽九十

一成字芳林號樂園壽九十一

齡錫以字傳見縣志壽九十六

觀蔭字廣玉號崑峯見縣志壽九十一

一連見上冠帶頂戴壽八十三

皆彩 字英文 壽八十三 現存

啟德 字懷百號曰愛 壽八十

應秋 字明元號朗齋 壽八十五

乾科 字健登號俊軒 壽八十四

大妹 字挺林 壽八十二

二妹 字榮昭 壽八十三 現存

澄榕 見上封廕 壽八十四

誕登 字政儒 壽八十四

炳球 字敬林號慎園 壽八十

炳如 字煥林號茂軒 壽八十四

炳志 字經林號綸軒 壽八十二

炳建字信林號近軒壽八十

炳禮字燕林號瓊軒壽八十一

覲蔭字靄玉壽八十五

上聯字元秀壽八十九

世貞見上冠帶頂戴壽八十三

天錫以字傳壽八十八

務章見上冠帶頂戴壽八十三

博見上貢生壽八十二

枉寀字建隆號半農壽八十一

二長字華閏壽八十三

匯滄字渭川號連峯壽八十五

十四世蓋柏字昭幹號翠亭壽九十一

國薦 字喬仰 號濟川 壽九十三

貴元 字顯廷 號月山 壽九十

華寶 字耀恩號雲上 見縣志 壽九十一

儒振 字阜中 號壽川 壽九十五

奕世 字耀華 號福如 壽九十六

庚祿 字景垣 號星祥 壽九十三

顯宗 字允居 號以信 壽八十三

宏宗 字衍居 號蔭堂 壽八十八

榮宗 字慶居 號樂泉 壽八十六

連第 字聘元 號慎齋 壽八十九

達 字奮鵬 壽八十二

瑛 見上 武舉 壽八十一

成長 字亮璧 號明著 壽八十一

新妹 字才錫 號海山 壽八十六

連科 字興賢 壽八十三

登科 字輝賢 壽八十七

辛科 字斌賢 壽八十二

春科 字作興 號如蘭 壽八十五

健蘭 字驥千 號北郁 壽八十五

家學 字盛乾 壽八十

暉彩 見上 冠帶頂戴 壽八十二

宏潤 字業堂 壽八十三

宏五字會堂壽八十
細池字其昌壽八十
美學字占儒壽八十五
桂宗字秋蕃號衍亭壽八十一
有光字景揚號隱存壽八十三
津植字以明壽八十
錦隆字同光號明鑑壽八十五
建元字眷天號平波壽八十三
敬業見上冠帶頂戴壽八十四現存
見興字迪祥壽八十四
國德字聚朝號仁齋壽八十四

國富字相業號永莘壽八十四

培興字熾隆號慎莊壽八十九

義進字成昌號志厚壽八十六

煥然以字傳壽八十一

閏昌字英茂號雄軒壽八十五

奮發以字傳壽八十五

蒼林字茂倫號盛德壽八十二

遇連字會建壽八十三

廣建以字傳壽八十六

成春字富華號厚堂壽八十三

祥字盛顯號榮海壽八十

子發 字興堂 號象臺 壽八十五

傑元 字宏英 號毓堂 壽八十

期勝 字沛瑜 號渭川 壽八十五

玉田 見上冠帶頂戴 壽八十

正昇 字廣文 號愛軒 壽八十三

宗培 字盛堯 壽八十三

宗聖 字仰南 號述庵 壽八十四

祥麐 字懿脩 號在椒 壽八十

應舉 字朝望 號德亭 壽八十三

興保 字顯祐 號直泉 壽八十

槐芳 見上冠帶頂戴 壽八十二

富芳字聚天號季軒壽八十

則弟字懷珍壽八十三現存

友貴字挺相號胡山壽八十

大鵬字盈脩壽八十一

閏秀字文漢號霞川壽八十三

存護字佐堯壽八十

存學字純周壽八十六

麗陽字明著號鑑湖壽八十四

世友字景元壽八十四

貴科字士登壽八十四

興燦字儒宗號光軒壽八十八

德祥字啟蕃號碧池壽八十七

十五世兆興字錦初號式齋壽九十

盛林字樂安壽九十二

湛大字佐昌壽八十一

敬大字秀廣號玉田壽八十

有大字成昌號富軒壽八十二

朝宰字弼上號純峯壽八十三

正詵字翘蔭號寶和壽八十

正本字瓊蔭號賢和壽八十一

焯文字英揚號盛庵壽八十二

熖文字桂揚號銓庵壽八十四

公尚字秉忠號必存壽八十二

官光字廷贊號衞軒壽八十一

光照字耀南號現垣壽八十八

雲鵬見上冠帶頂戴壽八十三

昆保字美璵號璧玉壽八十

顯榮字德彰號樸庵壽八十八

守謙字彰禮號存義壽八十一

會堂字敬懷壽八十

燦珍字恆輝壽八十一

名揚見上恩例壽八十

顯揚字智南號漢川壽八十五　現存

士毅 見上冠帶頂戴 壽八十二 現存

元滔 字佐良 壽八十二

殿榮 見上冠帶頂戴 壽八十五

榮業 字經茂 壽八十

耀廷 見上冠帶頂戴 壽八十二

章遠 字業成號煥亭 壽八十五 現存

兆宗 字溢成號月亭 壽八十四 現存

翰堂 見上冠帶頂戴 壽八十四 現存

靈杰 字廷禮號覲光 壽八十

太瓊 字孔章 壽八十五

正貴 字朝章號連成 壽八十一

友初　字應林　號信廷　壽八十二

英長　字信賢　號仁軒　壽八十

聯賜　字捧揚　號普軒　壽八十五　現存

受保　字茂榮　壽八十六

祖成　字建國　號厚亭　壽八十

鳳墀　見上冠帶頂戴　壽八十二

文林　見上冠帶頂戴　壽八十

仕聖　字冠賢　號普山　壽八十

茂林　字喬彬　號友石　壽八十

兆科　字養元　號善甫　壽八十

十六世才先　字幹元　號挺蒼　壽九十

直剛見上冠帶頂戴壽八十四

富先字麗元號燕蒼壽八十六現存

純享字正大號光明壽八十

榮開字容昌號麗日壽八十

艮字宏贊號廣元壽八十

乾始字廷錦壽八十四現存

行旺字壯懷號宜健壽八十四

十七世柱林字注業號平生壽八十五現存

壽婦

三世仲裕妻左氏壽八十一

四世仕志妻黃氏見上旌節壽九十

仕清妻潘氏壽八十二

五　世壁妻關氏壽九十五

貴妻夏氏壽八十六

傑妻梁氏壽八十

環妻左氏壽八十

敬妻任氏壽八十二

廷昭妻鄧氏壽八十二

廷安妻葉氏壽八十五

廷哲妻潘氏壽八十五

六　世人傑妻彭氏壽八十九

文補妻黃氏壽八十三

文理妻周氏壽八十九
文簡妻黄氏壽八十
宗程妻岑氏壽八十六
七世崇業妻潘氏壽八十三
建中妻黄氏壽八十
謨妻馮氏壽八十三
讓妻關氏見上封贈壽八十六
讓妾馮氏壽八十五
學章妻李氏壽八十三
學懋妻黄氏壽八十一
八世廷智妻鄭氏見上旌節壽九十五

田妻李氏見上封廕壽八十三

凌霄妻曾氏見上封廕壽八十九

家聘妻陳氏壽八十一

九世端儒妻岑氏壽九十三

喬權妻張氏壽八十五

儀蓮妻蘇氏壽八十

光允妻陳氏壽八十

光允妾張氏壽八十九

璿衡妻關氏壽八十二

十世炖妻馮氏壽九十七

才華妻曾氏壽八十八

芳元妻關氏壽八十八

王蕃妻李氏壽八十九

十一世世昌妻曾氏見上封廕壽八十三

應明妻黃氏壽八十三

春草妻關氏壽八十四

十二世道南妾鍾氏壽九十二

富潤妻鄧氏壽九十

有裕妻黃氏壽八十一

元叔妻鄭氏壽八十八

士高妻梁氏壽八十二

進明妻鄧氏壽八十二

公富妻吳氏壽八十九

十三世世侯妻曾氏壽九十八

汝省妻關氏壽九十

可球妻關氏壽八十二

大昌妻關氏壽八十五

尙鳳妾羅氏壽八十四

澄榕妻黃氏見上封廕壽八十

德進妻曾氏見上封廕壽八十七

壽光妾關氏壽八十二

保安妻黃氏壽八十六

文元妻黃氏壽八十三

十四世連第妻黄氏壽八十八

眞粟妻關氏壽八十八

眞璠妻李氏壽八十九

孫憲妻馮氏見上待旌節婦壽八十二

健蘭妻曾氏壽八十六

琳珠妻黎氏壽八十六現存

有光妻班氏壽八十六

有林妻張氏壽八十五

喬南妻黎氏壽八十九

林長妻關氏壽八十一

阿成妻關氏壽八十一現存

興保妻關氏壽八十七
興傑妻關氏壽八十九
興福妻孔氏壽八十一
富芳妻黄氏壽八十三
和學妻岑氏壽八十九
麗陽妻黄氏壽八十五
十五世新仔妻陳氏壽九十四
璘妻鄭氏壽八十一
正本妾潘氏壽八十四
煥新妻劉氏壽八十三
雲鵬妻關氏壽八十四　現存

士宏妻黎氏壽八十二現存

鴻業妻梅氏見上待旌節婦壽八十一

覲保妻關氏壽八十七

茂林妻麥氏壽八十七現存

蕃科妻周氏壽八十四

蕃功妻關氏壽八十六

十六世志楚妾陳氏壽八十五現存

德春妻潘氏壽八十三現存

根茂妻關氏見上待旌節婦壽八十四現存

南海九江朱氏家譜卷十六終

南海九江朱氏家譜卷七

七世孫學懋初輯
十世孫昌瑤續脩
十五世孫[illegible]
十六世孫士[illegible]輯
十五世孫士仁編校
十七世孫西長　福元
十六世孫奎元捐刊　顯元

祠宇譜

祠堂　坊表附　第宅附　園亭樓閣附

何邵公詁公羊傳春祭曰祠祠猶食也猶繼嗣也春物始生孝子思親繼嗣而食之也蓋祠本祭享之名後世神祇羣祀通稱之且以名祭所典祠之司曰祠官太常

職曰祠曹其儀式曰祠令且祠於壇謂之祠壇祠於城謂之祠城祠於堂謂之祠堂而祠堂之號最古考兩漢書紀傳屢稱建立祠堂而王逸序天問篇云屈原見楚先王之廟及公卿祠堂畫天地山川神靈奇詭之狀因書壁而呵問之是知祠堂之興肇於周末矣古禮大夫適士官師俱得立廟而以宗子主祭故有百世不遷之宗三代以降仕者不世祿大宗不能收族而宗法廢雖貴爲大夫猶祭於寢於是有祠堂之設以祀其先祖俾族姓不忘其所自出猶有宗法之遺意焉朱子家禮立祠堂明會典尚沿其稱吾朱氏徙自保昌應以元龍公爲始遷之祖先世謂次子別宗勿敢匹適且自獻謀府君迺定著廣州南

海之籍遂奉獻謀府君爲始祖而別爲不遷之宗嘗考鄉志先世第宅不夸而祠宇則以吾家爲一鄉冠首崑山顧氏謂明時風俗慤淳愛親敬長之道達於天下其能以宗法訓其家人而立廟以祀或累世同居號稱爲義門者亦往往而有然則今之躋斯祠者蔭堂基食井渫其必思敬宗收族以無隕厥宗風焉是先人志也祠祭云乎哉其別建專祠及坊表第宅園亭樓閣之可考者附於編作祠宇譜

祠堂　以宗支爲次

祖祠　在本鄉西方太平約（即古上沙里）祀始祖獻謀公妣關氏明嘉靖間建萬歷二年甲戌　國朝康熙十八年己未乾隆

五十七年壬子道光二年壬午脩　賜進士及第翰林院
編脩余孟麟題額原匾曰衍慶堂詳鄉志七世孫讓改題曰
孔安堂
題名碑錄余孟麟應天府江寧縣籍徽州府祁門縣人萬歷二年甲戌進士
謹按楊氏名時曰禮記大傳別子爲祖繼
別爲宗百世不遷繼禰者爲小宗五世則
遷別子謂或出奔它國別於本國者或其
身始爲大夫者其子孫世世以之爲始祖
而宗其繼之者也故禮記王制言大夫三
廟一昭一穆與太祖之廟而三是祀及始
祖之明證也宋司馬溫公家禮祭及曾祖

程子謂服及高祖則祭亦必及高祖即士庶不容有異朱子從之後之講禮者遠取別子爲祖之禮近依程朱祭及高祖之義以爲宜推先世始遷或初受封爵者爲始祖世祀之祀始祖則族有所統而不渙足與譜系相維庶幾援据古今備追遠之道爲士大夫家可酌而行者秦氏蕙田曰程子有始祖先祖之祭程子曰冬至祭始祖此厥初生民之祖也冬至一陽生故象其類而祭之立春祭先祖此初祖以下高祖以上之祖也立春生物之始故象其類而祭之朱子以其僭而廢之是也或問朱子以始祖之祭朱子曰古無此伊川先生以義起某當初也祭後來覺得似僭不

敢
祭竊嘗思古今異宜其禮當以義起程子所云厥初生民之祖者理屬渺茫於經無據若今人家之始祖其義於宗法之別子同者固當祭也何則古之所謂始祖者在諸侯則始封者也在大夫士則別子也別子有三後世封建不行則爲有國之始祖者寡矣然有大功勳爵至王公者雖無土地宜與古諸侯等則其子孫宜奉爲始祖而祭之矣又後世天下一家仕宦遷徙其有子孫繁衍而成族者則始至之人宜爲始遷之祖與古別子之公子自宅國而來

者無異是亦宜奉爲祖而祭之矣若崛起而爲公卿者雖不可同於諸侯亦宜與古之九命八命七命等其子孫奉爲始祖亦與古人別子之義相合朱子所云王朝之大夫自上世至後世世皆不變其初來姓號者非即此類乎故或建爲宗祠或合爲家廟凡屬子姓羣聚萃處其中有宗法者大宗奉之因爲百世不遷之祖倘宗法未立或大宗無後則諸小宗擇其長且貴與賢者祭則主其獻奠原與祭別子之義相符不可以士大夫不得祭始祖而謂之爲僭

也惟程子謂立春祭初祖以下之祖則不可行耳邱仲深以累世同爨者通之或庶幾乎據楊氏秦氏之論均謂始祖不可不祀蓋所云始祖迺別子爲祖之祖非厥初生民之祖與古者天子諸侯所祭始祖士庶行之則爲僭者其義各殊士庶之家率族人共立宗祠於古義初無舛倍也鄉厲里社莫不有祭豈恝然於士庶之祖先不許依而血食此令甲所不禁顧人自致何如耳

又按五世公所公六世仰柏公兩墓誌公所

公誌闕明府仰旒撰仰柏公誌黄少參朝聘撰俱見下墳塋譜祖祠實剏始於明嘉靖時考明史禮志嘉靖十五年從禮部尚書夏言議始定品官家廟之制家禮辨定又引夏言奏議始祖之祭朱熹以爲僭而廢之亦過矣臣愚以爲三代以下禮教衰風俗敝程頤爲是緣情而設教者也且禘五年一舉其禮最大此所謂冬至祭始祖者迺一年一行酌不過三物不過魚黍羊豕隨力所及特時享常禮焉耳禮不與禘同臣前面奏伏蒙聖諭人皆有所本之祖情無不同惟禮樂名物不可僭

儗大哉皇言伏望詔令天下臣民得祭始祖愚夫愚婦俱獲盡報本追遠之誠矣上是而從之云云我家祖祠剏建蓋甫當夏文愍奏請之後徵特無倍古經正善承朝廷德意爲之也

又按廟主之制許氏五經異義曰或曰卿大夫士有主否答曰按公羊說卿大夫非有土之君不得祫享昭穆故無主大夫束帛依神士結茅爲菆鄭氏禮記祭法注曰惟天子諸侯有主大夫不禘祫無主徐氏曰左傳稱孔悝反祏又公羊大夫聞君之

喪攝主而往注義以爲斂攝神主而已不
服待祭也皆大夫有主之文大夫以下不
云尺寸雖有主無以知其形制然推義謂
亦應有挨喪之銘旌題别亡者設重於庭
亦有所憑禮言重主道也埋重則立主今
大夫士有重亦宜有主以紀别坐位有尸
無主何以爲别將表稱號題祖考何可無
主近儒姚氏鼐答友人書曰前日承詢婦
人無主之說當時畧以臆對歸後復讀賜
書檢尋傳記以考其實蓋以士大夫禮言
之非特婦人無主雖男子於廟固亦無主

也古人所重者尸祭其依神者尸爲要主非其所必不可無也鄭康成謂大夫士無主其説頗爲今學者所駁而考之於古則實然孔子告曾子曰當七廟五廟無虛主然則三廟二廟一廟者固可虛無主矣古聘禮賓介所居館皆大夫士之廟也使有主之廟而使人居之將豫移主出乎抑聽其人神之相瀆乎賓主皆何以安焉斯廟不設主之可徵者也惟左氏載有取祏之事此特末世之僭耳非禮之正也以禮之正言之天子有日祭月祀諸侯亦月有告

朔故設官以日嚴奉其主爲宜卿大夫之
祭於時疏矣又位下不能專立官以日典
守廟中遂無常奉之主故男子婦人皆無
主於廟士大夫禮也若今士大夫不以尸
祭廟中惟主爲重主則書先人之爵與字
不可以云與妣共之其必當立妣主明矣

姚氏又復友人書曰士喪禮有重無主若
虞主用桑練主用栗適是文二年作僖公
主公羊傳文非言士禮也何休引士虞記
云喪主不文吉主皆刻而諡之蓋爲禘祫
時別昭穆也此是禮之逸篇題云士虞記
而中廣言天子諸侯之禮若士則安得有
禘祫也犂前書所云不書諡蓋誤以漢禮
爲古禮據是篇則古主有諡也左傳凡君
薨卒哭而祔祔而作主杜元凱云言凡君
者謂諸侯以上不通於卿大夫觀何杜之

注皆與康成同意則知康成言之不可易矣

吳氏定廟主考曰

自天子達士有廟皆有主也無主則神無所棲不棲神則廟不必立許愼謂惟天子諸侯有主卿大夫不得禘祫則無主而引少牢饋食有尸無主之文爲之證康成從而和之以注祭法皆過也徐邈據大夫去國載祏聞君之喪攝主而往以闢大夫無主之謬覈矣孔子曰祭祀之有尸也宗廟之有主也檀弓重主道也其辭又皆通大夫士言之少牢特牲之祭稱尸不稱主者文未之及耳大戴記諸侯遷廟皆奉衣服

不書奉主將謂諸侯亦無主哉且主亦非專爲禘祫設也不得禘祫獨不得烝嘗乎自晉以後惑於許鄭之說士大夫皆不立主或爲祠板或爲神帛曰吾不敢僭上也宋程子始剏爲主式立法精矣然其制亦斷自大夫而於士庶則爲之牌以代朱子家禮因之此固先賢之慎然質之古聖王許士立廟之意豈果如是邪若夫主之所以題其上者宜名乎宜字乎余友程先生瑤田曰檀弓公叔文子卒其子戍請謚於君以易其名士無謚而有字故士虞禮於

祔之祝辭曰適爾皇祖某甫以躋祔爾孫
某甫由是言之大夫之稱於廟也以謚士
則稱字矣稱字非惟士爲然也雜記曰祔
兄弟之殤稱陽童某甫不名神也童子無
字尊神不名爲之造字矧子孫而顧可名
其祖考哉有謚則主書謚無則書字庶於
易名之禮有合余嘗璭其論以爲可法今
請仿程子之主式而畧變通之陷中以書
爵姓名行謂爵某諱某字某行某之類也
粉塗其前以書屬稱謂故某官某士以逮
世系謚字之類也主成擇子孫或姻友之

工書者書之近世迺欲乞有爵者之一點以光耀其親豈我親之神之依於主也必藉貴人之氣而後神哉烏虖其亦蔑視吾親之甚也矣今按先儒論大夫以下廟主許鄭以爲無徐氏以爲有近世殷麟吳氏以爲有姬傳姚氏以爲無各持一說朱子所謂議禮如聚訟也竊意主以棲神後世無尸主何可闕又程氏謂大夫之稱於廟也以謚士則以字我祖祠主題大元處士獻謀府君正合士則稱字之例題大元說詳下墳塋

譜

南海九江朱氏家譜

又按　國朝乾隆中方侍郎苞作家廟不爲婦人作主以爲禮也盧氏文弨汪氏中俱有說正之盧氏之說曰考之禮經婦人之有主明甚記曰士大夫不得祔於諸侯祔於諸祖父之爲士大夫者其妻祔於諸祖姑妾祔於妾祖姑妾無妾祖姑易牲而祔於女君婦祔於祖姑祖姑有三人其一爲適二則繼也則祔於親者舅之所生據記所言微獨適妻有主繼妻再繼妻亦有主妾之有子者亦皆有主有主然後可以祔廟安得謂婦人無主也汪氏之說曰婦雖與夫同廟亦

有分祭之禮故雜記男子祔於王父則配
女子祔於王母則不配若婦人無主王母
何以得尊其祭穀梁傳文公二年正義麋
信引衛次仲云宗廟主皆用栗右主八寸
左主七寸廣厚三寸右主謂父左主謂母
是可據也

教忠祠　在始祖祠內即右護祠後室祀九世舉人原任戶部郎中攝高明縣事贈奉議大夫光祿寺少卿加贈嘉議大夫兵部左侍郎　皇朝　賜謚烈愍祀忠義祠徵龍公　國朝道光二年壬午建

謹按教忠之義蓋取左傳狐突語近世方

望溪侍郎告歸金陵建宗祠曰教忠以其五世祖四川都司斷事諱法者死節於明建文朝故顯揭芳猷欲後人世篤忠貞意也吾族道光初脩繕祖祠特祀烈愍公於右室而牓此祠名蓋與方氏同指

宗祠　一在北方大洲祀二世上沙公妣關氏從祀三世廩生徵仕郎寅齋公妣馮氏四世敬齋公妣區氏五世林叟公妣關氏　國朝康熙二十四年乙丑遷建原祠亦在大洲道光八年戊子脩　賜進士第廣東提學道裴憲度題額并匾曰顯觀堂題名碑錄裴憲度陝西高陵縣人順治十八年辛丑進士廣東通志裴憲度康熙二十四年任

提學
道
謹按禮別子爲祖繼別爲宗釋者謂別子
之適長子繼別子與族人爲世世不遷之
宗也祀上沙公不稱二世祠而稱宗祠以
此
又按家禮祠堂神主位次以西爲上蓋謂
神道尚右也毛氏奇齡云周禮左宗廟漢
書宗廟居陽示不忍死其親之義則明在
東矣若在西首不幾與先王左祖之義相
乖反乎明史禮志成化十一年祭酒周洪
謨言臣庶祠堂神主俱自西而東古無神

道尚右之說惟我太祖廟制合先王左昭右穆之義宜令一品至九品皆立一廟以高卑廣狹爲殺神主則高祖居左曾祖居右祖居次左考居次右帝下禮臣參酌更定

一在西方太平約祀二世性夫公妣關氏從祀三世存誠公妣盧氏繼妣葉氏伯呂公今主題存信公妣左氏四世保公舊譜字號佚今主題保塘公妣周氏舊譜氏佚今主題周氏定伯公妣周氏繼妣梁氏誠男公妣葉氏繼妣嚴氏直塘公妣康氏五世北莊公妣曾氏繼妣夏氏明萬歷四十六年戊午建　國朝嘉慶三年戊午重建道光二十九年己酉脩　賜進士第廣東

全省提督學校按察使司僉事楊瞿崍題額并匾曰存著堂

題名碑錄楊瞿崍福建晉江縣人萬歷三十五年丁未進士廣東通志楊瞿崍萬歷四十五年任按察使司僉事

謹按禮文則性夫公正夫公蓋繼禰之小宗也釋者謂別子之次子以其長子繼已爲小宗而其同父兄弟宗之也故亦可稱宗祠

又按文獻通考憲宗元和七年十一月太子少傅判太常卿事鄭餘慶建立私廟將祔四代神主廟有二夫人疑於祔配請禮

院詳定脩撰官太學博士韋公肅議曰古
諸侯一娶九女所以明朝無二適自秦漢
以下不行此禮遂有再娶之說前娶後繼
並是正適則皆祔之義於禮無嫌謹按晉
驃騎大將軍温嶠相繼有三妻疑並爲夫
人以問太學博士陳舒議以妻雖先歿榮
辱並隨夫也禮祔於祖姑祖姑有三人則
各祔於舅之所生如其禮意三人皆夫人
也秦漢以來諸侯不復一娶九女既生娶
以正禮歿不可貶自後諸儒咸用舒議且
適繼於古則有殊制於今則無異等今王

公再娶無非禮聘所以祔配之議不得不
同至於卿士之家寢祭亦二妻位同几席
豈廟享之禮而有異乎是知古者廟無不
適防姪娣之爭競今無所施矣古之繼室
皆媵妾也今之繼室並適妻也不宜援古
一娶九女之制也而使子孫祭享不及或
曰春秋聲子不入魯侯之廟如之何謹按
魯惠公元妃孟子孟子卒繼室以聲子聲
子姪娣非正也自不合入惠公之廟明矣
又武公生仲子則仲子歸於魯生桓公而
惠公薨立宮而奉之追成父志別爲宮也

尋求禮意則當然矣未見前例如之何謹按晉南昌府君廟有荀氏薛氏景帝有夏侯氏羊氏聖朝睿宗廟有昭成皇后竇氏肅明皇后劉氏故太師顏魯公祖廟有夫人柳氏按魯公曾祖勤禮初娶殷氏御正中大夫英童之女繼娶柳氏中書令奭之妹皆顯族也其流甚多不可悉數畧稽禮文參諸故事二夫人並祔於禮爲宜餘慶遂用公肅之議厥後惟伊川程子有只以元配配享之說又謂奉祀之人是再繼所生則以所生母配然朱子語錄云古者只以媵妾繼室故不容與適並配後世繼室以

禮聘娶自得爲正故唐會要載顏魯公家
祭有並配之儀祭於別室恐有未安凡是
適母無先後皆當並祔合祭然則繼有三
四皆可配乎以溫嶠三夫人之說證之則
再三繼者可稱夫人即可配食揆之　國
朝令典通禮載親王家祭祭始封祖及高
曾祖禰五世以正室配言正室則適繼皆
配而庶不與也品官家祭云奉高曾祖禰
四世妣以適配言適以眩乎繼亦以別乎
庶也通禮又載　諭祭果毅公尹德以
公妻一品夫人董氏魏氏高氏配祭果毅

繼勇公阿里袞以公妻一品夫人瓜爾佳氏李氏配是配祔以妻不分適繼矣凡繼皆配無論眾寡矣會典載婦人受夫封者再繼不准封受子封者不論繼之再三然封妻爲並受　國恩制不可褻故以初繼限而子封母則不復限況祭爲私情自不必以封之有無別情之隆殺若不受夫封者不祭是父以爲妻而子不以爲母也

一在西方牛山首古名柳巷祀二世正夫公妣李氏從祀三世隔川公妣馮氏繼妣何氏祔祀庶妣潘氏明嘉靖間建萬歷二年小脩　國朝乾隆三十六年辛卯道光七年丁亥脩　賜

進士及第翰林院編脩余孟麟題額并匾曰繹思堂詳鄉志

余孟麟見上

謹按妾母之祭伊川程子謂庶母亦當爲主但不可入廟子當奉於私室而國朝諸家之論則謂妾母之主亦當祔祀於廟邵氏長蘅曰喪服小記曰慈母與庶母不世祭鄭氏注曰以其非正又引春秋傳於子祭於孫止其說非也按小記本文曰妾祔於妾祖姑亡則中一以上而祔注曰妾死祔於夫祖之妾祖無妾則閒曾祖而祔於高祖之妾夫曰祔於妾祖姑則祖妾猶

得祔食可知曰中一以上而祔則高祖之妾亦得祔食可知果如鄭說於子祭於孫止安所得祖妾而祔之且推及於高祖之妾邪然則記言不世祭何居曰所謂不世祭者爲祀妾之禮殺於女君不得謂之祭也禮有牲曰祭無牲曰薦小記又曰易牲而祔於女君注曰凡妾下於女君一等疏曰女君特牲妾則特豚蓋祭不用牲可謂薦不可謂祭耳故曰不世祭也若謂祭止於子遂絕之而不祀則鄭說非也據邵說則妾當薦而不祭故通禮云以正室配以

適配皆謂有牲之祭非妾所敢當非謂以妾爲母而不祀也使以妾爲母而不祀其入廟主祭及與祭之子孫或庶出見夫三殤及成人無後者且得祔食其閒而吾所自出者可以上邀　封贈之榮竟不能分家廟豚肩之奉人子之心其能安乎

又按牛山即正夫公故所居地祠在山首公七世孫文學莘犂公箕作公惺宇公涵宇公暨同鄉黃刑部應舉鄭孝廉融等會結雅言社於此墓居祠左地與蝸山鄉志作花山龜山毗連井里田園多吾舊物登高憑眺恍然堂構當年

方塘祠 在北方高基頭（古名烏柏根） 祀四世方塘公妣周氏從祀五世淮庵公妣黃氏玩峯公妣關氏 國朝道光七年丁亥遷建（原祠在低田） 匾曰綏成堂

華峯祠 在北方高基頭（古名烏柏根） 祀四世華峯公妣關氏從祀五世直齋公妣關氏魯齋公妣關氏逵齋公妣梁氏匾曰介壽堂

南塘祠 在北方大正坊（古名東海） 祀四世南塘公妣潘氏明崇禎十二年己卯建（後八年小脩） 國朝乾隆四十一年丙申脩

賜進士第光祿大夫 太子太保兵部尚書田仰題額裔孫春林重書東閣大學士外孫陳子壯匾曰有斐堂（詳鄉志）來孫實蓮書

題名碑錄田仰貴州安化縣籍江西廬陵縣人
萬曆四十一年癸丑進士陳子壯廣東南海縣
人萬曆四十七年己未進士按湛一公墓誌田
仰爲八世湛一公令安化時所取士沛國世紀
陳子壯爲七世綱庵公外孫沙貝鄉人父熙昌
來就甥館居綱庵公別業亦見陳子升中洲集
以故吾家祠墓
子壯題署特多

月塘祠　在西方太平約古名上申祀四世月塘公妣潘氏繼妣梁氏從祀五世歲貢生廣西桂林府靈川縣儒學訓導歷署興安義寧兩縣知縣綱齋公妣陳氏壽官裕齋公妣陳氏繼妣陳氏樂潮公妣張氏六世捷泉公妣岑氏明泉公妣吳氏靖波公妣陳氏樂槃公妣陳氏懷峯公妣何氏七世庠生萊洲公妣陳氏粵軒公妣陳氏歲貢生南雄府保昌縣儒學訓導碧潭公妣陳氏繼妣黃氏玉池公妣關氏青

崖公妣陳氏眞吾公妣李氏鳴岡公妣張氏繼妣蔡氏性庵公妣岑氏容庵公妣鄧氏蘭峯公妣梁氏明天啟二年壬戌建原在存著堂右　國朝乾隆四十七年壬寅遷從今所咸豐二年壬子脩　賜進士第刑部江西司郎中陳儀題額　賜進士及第禮部右侍郎陳子壯匾曰明薦堂題名碑錄陳儀福建閩縣人萬歷三十八年庚戌進士廣東通志陳儀萬歷三十八年任南海縣知縣陳子壯見上

前塘祠　在西方太平約古名上沙祀四世前塘公妣　詔旌節婦黃氏從祀五世誠齋公妣關氏繼妣黃氏明隆慶元年丁卯建鄉志作貞節祠匾曰沐恩堂據九江鄉志舊譜世紀參脩

謹按前塘祠鄉志作貞節祠以祠前貞節

坊名之也今祠坊俱圯考鄉志成於順治十四年丁酉則　國初尚存

南溪祠　在西方太平約祀五世南溪公妣陳氏從祀六世弼明公妣鄭氏七世樂友公妣彭氏八世東葵公妣岑氏九世蘭泉公妣梁氏

遁齋祠　在西方太平約古名上沙祀五世增生遁齋公妣陳氏從祀六世南江公妣吳氏七世雁屛公妣黃氏脩吾公妣陳氏八世庠生湛源公妣關氏法予公妣曾氏庠生廷翼公妣黃氏匾曰其昌堂

崑山祠　在北方高基頭古名烏柏根祀五世崑山公妣周氏繼妣左氏從祀六世樢沙公妣盧氏七世粵林公妣陳氏穗林

公妣曾氏八世九疇公妣譚氏厚齋公妣關氏赤完公妣嚴氏九世世庵言公舊譜作庵言今主題晧然妣鄭氏舊譜氏佚今主題鄭氏廷桂公妣盧氏六洲公妣曾氏法良公妣關氏迪良公主題亦霞公妣盧氏十世斯馨公妣關氏元生公妣張氏蒼霞公妣曾氏斯華公妣關氏十一世榮祥公妣曾氏偉祥公妣鄧氏殷祥公妣余氏兆祥公妣黃氏繼妣余氏南軒公妣陳氏曉祥公妣馮氏傑祥公妣黃氏君祥公妣李氏　國朝嘉慶十二年丁卯建區曰燕翼堂

玩峯祠　在西方太平約祀五世玩峯公妣關氏從祀六世邦裔公妣關氏七世惟任公妣關氏八世佐吾公妣關氏九世節吾公妣梁氏十世贈脩職郎廉州府靈山縣儒學

教諭樸庵公妣貤贈孺人黃氏十一世滿湖公玉題元湧公妣
陳氏祔祀節吾公庶妣曾氏　國朝道光三十年庚戌建
匾曰厚福堂
謹按玩峯公已祀方塘祠中此復再見蓋
先祔祖禰後立專祠不知神之所在於彼
於此有其舉之而莫敢廢固仁孝之用心
也今亦兩存不畧下侶柏龍巖各公同例

林坡祠亦曰五世祠　在北方大洲祀五世壽官林坡公妣鄧氏從
祀六世壽官蒲泉公妣周氏贈承德郎南京戶部河南清
吏司主事白川公妣贈安人郭氏七世拔貢舉人浙江湖
州府通判歷署烏程縣知縣湖州府推官石潭公妣馮氏

蘆洲公妣曾氏衡山公妣黃氏杏林公妣張氏繼妣岑氏
九林公妣黃氏繼妣諸氏八世廩生選貢白岳公妣陳氏
華洲公妣關氏增生贈徵仕郎中書科中書舍人莘犂公
妣封孺人李氏廩生贈嘉議大夫兵部左侍郎原封文林
郎浙江湖州府德清縣知縣箕作公妣贈淑人原封孺人
易氏懷玉公妣曾氏九世舉人原任戶部郎中攝高明縣
事贈奉議大夫光祿寺少卿加贈嘉議大夫兵部左侍郎
皇朝　賜謚烈愍祀忠義祠徵龕公妣原封孺人晉封
宜人加封淑人區氏庠生推官松濤公妣蒙氏繼妣彭氏
華千公妣張氏祔祀莘犂公庶妣方氏徵龕公庶妣蒲氏
松濤公庶妣鄧氏羅氏明崇禎六年癸酉建　賜進士及

第禮部右侍郎外孫陳子壯題額并匾曰詒穀堂詳鄉志

陳子壯見上

謹按林坡公祠舊稱兩柏祠以階除有前
朝老柏得名道光中俱萎

公所祠　在西方太平約前塘祠左祀五世壽官公所公妣葉氏從祀六世上川公妣易氏恩官仰柏公妣關氏七世庠生近池公妣李氏荔屏公妣關氏鳳陽公妣李氏庠生沙村公妣陳氏沙滘公妣李氏惠谷公妣陳氏八世伯衡公妣李氏明崇禎十三年庚辰建　國朝乾隆四十年乙未脩匾曰宗德堂詳鄉志

愛竹祠　在北方翘南社古名小中祀六世愛竹公妣黎氏從祀七

世元會公妣陳氏八世鎮岡公妣關氏繼妣黎氏九世念岡公妣關氏十世英吾公妣黃氏繼妣曾氏拱日公妣鄭氏繼妣關氏十一世庠生景化公妣關氏希聖公妣關氏景常公妣關氏景存公妣關氏貤贈脩職郎瓊州府文昌縣儒學教諭暘谷公妣貤贈孺人黃氏繼妣貤贈孺人張氏十二世元德公妣黃氏元正公妣黎氏困矩公妣盧氏

國朝康熙二十五年丙寅建道光四年甲申脩裔孫順昌匾曰有秩堂

謹按英吾公祠原曰維則堂拱日公祠原曰維新堂並於康熙二十七年戊辰建（本祠記作雍正戊辰疑誤雍正有甲辰無戊辰）分列有秩堂左右道

光甲申因廓有秩堂基址遂去維則維新
二堂而奉英吾拱日兩王從祀焉

學所祠　在北方大洲學田里祀六世學所公妣曾氏從祀七
世滄洲公妣李氏鑑池公妣關氏南洲公妣曾氏翠屏公
妣黃氏見岡公妣鄭氏八世南田公妣關氏東湖公妣黃
氏樂素公妣胡氏聯岡公妣關氏　國朝乾隆三十三年
戊子脩廣東布政使司布政使前任河南陝汝道歐陽永
裿題額并匾曰有穀堂廣東通志歐陽永裿廣西馬平縣人拔貢乾隆三十三年任布政使

岐所祠　在西方太平約古名上沙祀六世岐所公妣李氏從祀七
世古松公妣周氏榕崖公妣張氏繼妣黃氏古榕公妣關

氏柳臺公妣潘氏鳳吾公妣梁氏　國朝乾隆五十五年
庚戌道光二十三年癸卯脩裔孫瑛匾曰有本堂
樂閒祠　在西方太平約祀六世樂閒公妣黄氏從祀七世貞
庵公妣曾氏八世右畦公妣明氏天台公妣岑氏　國朝
乾隆四十年乙未建道光十九年己亥脩
東里祠　在西方太平約始祖祠後祀四世直庵公妣曾氏五
世荔莊公妣馮氏繼妣任氏六世庠生東里公妣關氏繼
妣關氏從祀七世玉泉公妣曾氏庠生九溪公妣周氏榕
所公妣張氏八世念泉公妣關氏繼妣黄氏喬趣公妣鄧
氏赤玉公妣岑氏明宇公妣鍾氏帶河公妣張氏存所公
妣曾氏祔祀九溪公庶妣曾氏榕所公庶妣鄧氏　國朝

嘉慶三年戊午脩匾曰種德堂詳鄉志

謹按祠本瓛祀東里公以直庵荔莊兩公無專祠立主奉祀而遠近猶稱東里公祠不改今亦編列六世祠堂內以歸覈實下南川北源兩祠同後有祀及本祠高曾祖禰者例皆仿此

南川祠 在西方上石涌盧橋洞祀四世直庵公妣曾氏五世荔莊公妣馮氏繼妣任氏六世南川公妣李氏從祀七世前溪公妣周氏仰溪公妣黃氏八世粵林公妣關氏粵湖公妣鄭氏達宇公妣吳氏敬溪公接湖公妣關氏瓊德公妣關氏明崇禎十年丁丑建 國朝乾隆五十一年丙午

脩

謹按敬溪公獨無妻氏配祔其原主爲水
患亡失抑氏改適不祀世絶代遠無從考
證謹照登錄紀實也宅祠仿此
又按涌余隴尹竦二切並音湧說文騰也
又水名見水經廣人以爲通舟水道之名
讀沖音方言也近人或作潨辨見下家傳

西圃祠　在北方蘆西社祀六世西圃公妣陳氏從祀七世蘆
溪公妣鄭氏八世瑞田公妣曾氏九世素琴公妣鄧氏繼
妣張氏十世三錫公妣鄧氏逢亭公妣蘇氏十三世雲遷
公妣張氏聖遷公妣張氏　國朝咸豐九年己未脩

北源祠　在西方青雲洞祀四世直庵公妣曾氏五世荔莊公妣馮氏繼妣任氏六世北源公妣易氏從祀七世翠涯公妣鄧氏侶柏公妣關氏繼妣易氏泗濱公妣關氏　國朝康熙五十四年乙未建嘉慶四年己未脩族孫元英匾曰賚成堂

順川祠　在西方太平約古名上沙祀五世庠生壽官逸夫公妣潘氏六世順川公妣周氏從祀七世庠生封文林郎湖廣武昌府咸寧縣知縣後溪公妣封孺人陳氏庠生壽官龜臺公妣關氏繼妣黃氏明崇禎十年丁丑建　國朝嘉慶七年壬戌脩　賜武進士及第房孫可貞題額

廣東通志朱可貞順德縣人崇禎元年戊辰武進士

可山祠　在西方太平約順川祠右祀五世庠生壽官逸夫公
妣潘氏六世可山公妣黄氏從祀七世會溪公妣劉氏廪
生靜谷公妣梁氏祔祀會溪公庶妣馮氏明崇禎十二年
己卯建　國朝咸豐六年丙辰脩

西洲祠俗曰官廳　在北方大洲祀五世廪生蒙庵公妣關氏六世
南所公妣彭氏七世西洲公妣黄氏祔祀庶妣牛氏從祀
八世庠生旋江公妣黄氏庠生沛江公妣易氏長江公妣
關氏知言公妣岑氏九世芬泉公妣曾氏衍周公妣黄氏
庠生若谷公妣吴氏雲谷公妣黄氏扁曰思成堂

一洲祠　在北方大洲長墈頭祀三世元亮公妣陳氏四世介
庵公妣潘氏五世公爵公妣陳氏六世上林公妣譚氏東

園公妣胡氏前灣公妣岑氏七世一洲公妣鄭氏從祀八世念洲公妣關氏繼妣李氏九雲公妣岑氏丙江公妣胡氏九世京泉公妣曾氏繼妣陳氏十世接日公妣陳氏十一世南豪公妣梁氏繼妣關氏　國朝乾隆五十七年壬子建咸豐八年戊午脩

安遇祠　在西方太平約祀六世接莊公妣曾氏七世安遇公妣吳氏從祀八世奇山公妣曾氏繼妣李氏九世浩源公妣曾氏十世心源公妣曾氏繼妣易氏十三世麗坡公妣馮氏十四世碩軒公妣曾氏舜英公妣關氏十五世敬遠公妣關氏盛遠公妣曾氏　國朝乾隆五十一年丙午建裔孫大昌題額

清涯祠　在北方高基頭古名烏柏根祀五世陳江公妣鄧氏六世雙泉公妣區氏繼妣李氏七世清涯公妣丁氏從祀八世覺廷公妣黄氏繼妣梅氏九世鍾犖公妣陳氏延望公妣黄氏鍾樂公妣黄氏十世華吾公妣胡氏明庵公妣周氏而建公妣黄氏十一世維昇公妣關氏二樂公妣吳氏廷林公妣關氏　國朝嘉慶二十三年戊寅建

侶柏祠　在西方青雲洞祀七世侶柏公妣關氏繼妣易氏從祀八世樂波公妣潘氏九世仰波公妣關氏蔌波公妣關氏十世恆庵公妣陳氏繼妣黎氏十一世騰英公妣鄧氏騰光公妣關氏

中憲祠　在北方大洲祀七世　賜進士第贈嘉議大夫兵部

左侍郎原階中憲大夫四川夔州府知府祀名宦鄉賢綱庵公妣贈淑人原封安人關氏祔祀庶妣馮氏張氏明萬歷三十三年乙巳建詳鄉志國朝乾隆六十年乙卯脩

賜進士第廣東按察使司按察使胡桂芳題額韓學聖匾曰肅然堂總督兩廣軍務兼廣東巡撫閩人陳邦瞻匾曰

循績高風

題名碑錄胡桂芳江西金谿縣人萬歷二年甲戌進士陳邦瞻江西高安縣人萬歷二十六年戊戌進士廣東通志胡桂芳萬歷三十年任按察使陳邦瞻天啟三年任總督韓學聖未詳

敬源祠　在北方沙嘴祀七世桃泉公妣譚氏八世庠生敬源公妣陳氏祔祀桃泉公庶妣鄭氏從祀九世懶庵公妣薛氏十世百生公妣馮氏十一世浪游公妣關氏十二世青

陽公妣吳氏十三世忠山公妣吳氏聯山公妣胡氏

九潭祠　在西方太平約祀八世九潭公妣陳氏從祀九世神岳公妣關氏繼妣梁氏丙平公妣關氏十世厚存公妣曾氏同寅公妣關氏五車公妣岑氏青松公妣陳氏　國朝嘉慶十五年庚午脩裔孫名揚匾曰有慶堂

粵池祠　在西方太平約祀八世粵池公妣關氏從祀九世貴忠公妣鍾氏十世從天公妣關氏十一世儉雄公妣關氏捷旋公十二世儆霞公妣張氏繼妣曾氏明裕公妣何氏

心吾祠　在北方維新里古名烏桕根祀八世心吾公妣明氏從祀九世乘六公妣張氏十世司甫公妣黃氏十一世炳祥公妣關氏艮庵公妣關氏十二世文佑公妣關氏

直吾祠　在北方高基頭崑山祠右祀八世直吾公妣關氏從祀九世覺岸公妣岑氏繼妣張氏海岳公妣黎氏繼妣陳氏東我公妣關氏十世茹生公妣陳氏茹登公妣關氏繼妣黃氏淡宰公王題茹泰公妣黃氏茹乾公妣黃氏茹振公妣張氏十一世季莊公妣馮氏滄桂公妣鄧氏秀祥公妣關氏茂祥公妣黃氏十二世賢士公妣陳氏蕃士公妣陳氏韶士公妣關氏

則明祠　在北方大正坊古名東海祀八世庠生則明公妣羅氏繼妣梁氏祔祀庶妣鄧氏從祀十三世崑峯公妣陳氏　國朝道光二十六年丙午建匾曰垂憲堂

質吾祠　在西方太平約古名上申祀八世質吾公妣黃氏從祀九

世有生公妣張氏十世庠生衷怡公妣關氏祔祀有生公

庶妣梅氏區氏

大夫祠　在西方太平約大夫第內祀八世舉人歷任雲南寧

州貴州定番州山東平度州知州署青州府知府湛一公

妣封孺人曾氏從祀九世舉人戶部陝西淸吏司主事員

外郎　欽差監督寶泉局事崧蘿公妣陳氏廩生開雲公

妣譚氏十世庠生頑仙公妣盧氏怡泉公妣胡氏庠生南

軒公妣陳氏符斌公十一世紫霞公妣陳氏庠生九嶷公

妣岑氏庠生又揚公妣關氏繼妣黃氏浩庵公妣黃氏祔

祀崧蘿公庶妣張氏

襟宇祠　在西方太平約古名上申祀八世襟宇公妣關氏從祀九

世敬吾公妣鄭氏十世伯正公妣陳氏繼妣岑氏十一世存眞公妣何氏艮煥公妣鄭氏十二世達長公妣劉氏貴長公妣李氏繼妣李氏裔孫祖年匾曰熾昌堂

涵宇祠亦曰百魁祠 在西方太平約古名上申祀八世庠生涵宇公妣曾氏從祀九世庠生雲漪公妣譚氏十世歲貢生肇慶府開建縣儒學訓導四古公妣曾氏十一世廩生東暘公妣譚氏

海玉祠 在西方太平約古名上申祀八世海玉公妣陳氏從祀九世東明公妣周氏繼妣關氏龍巖公妣關氏庠生雲庵公妣關氏洞閒公妣關氏十世正軒公妣關氏直軒公妣關氏恩長公妣岑氏繼妣曾氏純一公妣關氏見齋公妣關

氏繼妣程氏最齋公妣曾氏庠生樂餘公妣余氏藍隱公妣關氏羽王公妣曾氏統緒公妣鄭氏鍾卿公妣葉氏十一世武臣公妣潘氏繼妣譚氏明崇禎中建 國朝咸豐九年己未脩裔孫福元題額 賜進士出身提督廣東學政按察使司副使吳貞啟匾曰昭德堂題名碑錄吳貞啟直隸宜興縣人崇禎十年丁丑進士廣東通志吳貞啟崇禎十四年任按察司副使

瑞東祠亦曰世祠 在北方大洲祀八世瑞東公妣關氏紫芝公妣黃氏從祀九世公兆公妣陳氏艮樂公妣陳氏東樂公妣關氏十世儀長公妣曾氏繼妣張氏南望公主題耀明公妣馮氏繼妣張氏耀君公妣關氏耀秀公妣張氏繼妣陳氏耀

寶公妣彭氏耀長公妣關氏祔祀耀寶公庶妣關氏

汪泉祠　在北方大洲學田里祀九世汪泉公妣關氏從祀十世星一公妣陳氏莘樂公妣關氏十一世保赤公妣陳氏長江公妣黃氏繼妣張氏淮江公妣黃氏乾江公妣余氏

國朝道光三年癸未建

左塘祠　在北方學田里汪泉祠左祀九世左塘公妣岑氏從祀十世配玉公妣曾氏荆宇公妣黃氏十一世用偉公妣張氏用信公妣馮氏　國朝道光二年壬午建

華石祠亦曰戎府先祠　在北方學田里學所祠左祀九世華石公妣曾氏從祀十世崙玉公妣關氏台俞公妣黃氏十一世龜壇公妣關氏禎壇公妣關氏高壇公妣關氏十二世占齋

公妣黃氏樂庵公妣關氏老夫公妣關氏繼妣陳氏清齋
公妣黃氏星齋公妣陳氏喜庵公妣馮氏繼妣易氏十三
世耀長公妣張氏

子亭祠　在北方大正坊南塘祠右祀九世子亭公妣歐陽氏
從祀十世南樂公妣關氏

龍巖祠　在西方太平約福田里祀九世龍巖公妣關氏從祀
十世見齋公妣關氏繼妣程氏最齋公妣曾氏庠生樂餘
公妣余氏藍隱公妣關氏十一世善庵公妣關氏大霖公
妣關氏懷南公妣陳氏繼妣曾氏聖庵公妣鄧氏繼妣陳
氏脩波公妣黃氏繼妣陳氏樂濤公妣關氏潛谷公妣關
氏嗣繁公妣陳氏裔繁公妣關氏逸池公妣曾氏繼妣梁

氏祔祀裔繁公庶妣鍾氏　國朝乾隆五十二年丁未遷

建原祠在新仁社前元孫綸匾曰建福堂

明我祠　在西方太平約祀十世明我公王題而昌公妣曾氏從祀

十一世聚英公妣曾氏繼妣關氏十二世瑞宏公妣黎氏

十三世麗榮公妣黃氏十四世拔賢公妣關氏國賢公妣

李氏興賢公妣曾氏輝賢公妣潘氏繼妣李氏

靈潭祠　在北方翹南社古名小申祀十一世靈潭公妣黃氏繼妣

關氏從祀十二世隱畦公妣關氏逢高公妣關氏上玉公

妣關氏繼妣黎氏十三世德遠公妣關氏遐西公妣張氏

祔祀庶妣陳氏　國朝道光八年戊子脩匾曰申錫堂

念倫祠　在北方大正坊石塘口祀六世愛閒公妣張氏七世

敬閒公妣梁氏八世念畦公妣梁氏九世參吾公妣陳氏
十世石塘公妣關氏十一世念倫公妣陳氏族孫程萬匾
曰敷教堂

卜五祠　在西方青雲洞祀十世碧霞公妣張氏十一世卜五
公妣關氏繼妣關氏何氏從祀十二世純誠公妣鄭氏繼
妣左氏十三世愼江公妣關氏祔祀庶妣何氏

凌江祠　在西方太平約古名上申祀十一世凌江公妣關氏從祀
十二世朴直公妣關氏繼妣鍾氏西存公妣關氏輝岐公
妣黃氏聲岐公妣梁氏　國朝道光五年乙酉脩

柳軒祠即鼎盛祠　在西方太平約古名上沙祀十一世元藹公妣陳氏
十二世鼎澤公妣李氏柳軒公主題鼎盛公妣關氏鼎熾公妣

潘氏從祀十三世敬亭公妣何氏實夫公妣曾氏純庵公妣黃氏十四世殿爵公妣何氏興爵公妣林氏　國朝道光十九年己亥建

北渚祠　在北方翹南社古名小申祀十二世拔貢生高州府儒學教授歷任清遠文昌兩縣儒學教諭北渚公妣關氏從祀十三世監生琢齋公妣關氏旟在公妣陳氏衛泉公妣黃氏自如公妣關氏十四世不倦公妣關氏一完公妣關氏耕隱公妣關氏念齋公妣李氏衡齋公妣關氏繼妣汪氏三盛公妣關氏敬慎公妣陳氏榮軒公妣李氏祔祀琢齋公庶妣易氏　國朝嘉慶七年壬戌脩　賜進士第文昌縣知縣蘇璜扁曰寧靜堂

廣東通志蘇璜山東定陶縣人進士雍正四年任文昌縣知縣

江峯祠（即少府祠）在西方太平約祀十二世主簿銜江峯公妣鄭氏從祀十三世監生二樂公妣關氏祔祀江峯公庶妣黃氏二樂公庶妣黃氏

錦堂祠 在西方太平約（古名上沙）祀十三世壽官錦堂公妣關氏從祀十四世武舉勉亭公妣關氏繼妣伍氏劉氏祔祀庶妣潘氏 國朝咸豐三年癸丑建

承慶祠 舊在上沙（據九江鄉志脩）

寧壽祠 舊在大洲（據九江鄉志脩）

謹按九江鄉志自明代以來名祠名墓及園林名勝皆以朱氏爲冠迄今蒐錄族中

祠宇公私大小無慮數十所猶復繕舊圖新日增月益亦云勤矣然而歷年既多隆秏無常奄更興廢如承慶寧壽兩祠炳列志中且不[illegible]土沙大洲故壤而徧詢耆舊莫有知其遺址者至迺宗祧血屬概付闕如良可慨也廣東新語嶺南之著姓右族於廣州爲盛廣州之世於鄉爲盛其土沃而人蕃或一鄉一姓或一鄉數姓十數姓自唐宋以來蟬連而居安其土樂其謠俗鮮有遷徙它邦者其大小宗祖禰皆有祠代爲堂構以壯麗相高每千人之族祠數

十所小姓單家族人不滿百者亦有祠數所其曰大宗祠者始祖之廟也庶人而有始祖之廟追遠也收族也追遠孝也收族仁也匪僭也匪諂也歲冬至舉宗行禮其族長以朔望讀祖訓於祠養老尊賢賞善罰惡之典一出於祠祭田之入有羨則以均分其子姓貴富則又爲祖禰增置祭田名曰烝嘗世世相守惟士無田不祭未盡然也今天下宗子之制不可復大率有族無宗宗廢故宜重族族亂故宜重祠有祠而子姓以爲歸一家以爲根本仁孝之道

繁之而生吾粵其庶幾近古者也烏虖觀新語所言寧惟吾家葢明時粵中本俗莫不皆然周禮大司徒以本俗六安萬民一曰孅宮室言宮室則宗祊祠祏在其中大宰以九兩繫邦國之民五曰宗以族得民然則宗祀族法最先王所軫念而本俗之孅尤不可忘也念祖者茲留意焉

又按張氏永詮曰率高曾祖考之子孫以祀吾高曾祖考則高曾祖考不啻在焉推而上之至於始祖亦然高曾祖考旣如在矣而凡爲高曾祖考之子孫豈無有半菽

不飽長不能昏死不能葬者始祖既如在矣而凡爲始祖之子孫豈無有半菽不飽長不能昏死不能葬者吾襲先人餘澤居則有華堂邃室出則有車馬僕從曾無有斗粟尺布以給吾族人則祖宗在天之靈能無惄恫乎故古人之勤於收族正古人之篤於事先也張氏之言至爲懇切按會典凡士民或捐貲贍族或恤養孤貧助賑荒歉實於地方有裨益者八旗由都統具奏各省由督撫具題均造册送部捐銀至千兩以上或田粟准値銀千兩以上者均

請　旨建樂善好施坊由地方官給銀
三十兩所捐不及千兩者請　旨交地
方官給樂善好施匾額如有應　旌表
而願議敘者由吏部定議給與頂戴查刑
部尚書張照之祖淇捐置贍族義田雍正
十年奏准由部立冊存案嘉慶二十年刑
部尚書韓崶捐置義田呈請由部給照二
十三年兵部右侍郎曹師曾亦將其父秀
先捐置祠學義田奏准存案子孫不得擅
賣外人族人不得擅買由部立冊載入縣
志又嘉慶二十一年江西新城縣已故州

同陳世爵等所捐義學祭田用銀數萬兩

准其　旌表皆載入禮部則例

坊表附

貞節坊　在上沙爲仕志妻黃氏事蹟詳上恩榮譜　明嘉靖四年乙酉

奉　特旨建據廣東戴通志阮通志廣州府志南海縣志九江鄉志世紀本墓碑參脩

謹按旌門坊表之式趙氏翼謂五代史李

自倫傳戶部奏前登州義門王仲昭六世

同居其聽事步欄前列屏樹烏頭正閥閱

一丈二尺烏頭二柱端冒以瓦桷築雙闕

一丈在烏頭之南三丈七尺夾樹槐柳十

有五步今李自倫旌表請如之勅曰此故

事也今式無之其量地之宜高其外門門安綽楔左右建臺南一丈二尺廣狹方正稱焉圬以白而赤其四角使不孝不悌者可以悛心而易行焉然則旌門之式舊最繁重至五代始改從簡易第安綽楔於門而已宋史孝義傳旌郭義家於其所居前安綽楔左右建土臺高一丈二尺下廣上狹飾以白閒以赤蓋亦沿五代之制皆官爲建造也今代應旌表者官給銀三十兩聽其家自建其坊制或設於門或別建宅所或四柱或二柱其上亦有用烏頭者蓋

合唐宋五代之制而參用之

又按南海縣志古蹟畧坊表門九江堡坊表秖載此一坊固爲疏漏亦見此坊之著名

進士坊　在大洲爲萬歷甲戌科進士讓明萬歷年建據九江鄉志脩

良二千石坊　在北方大洲爲　誥授中憲大夫四川夔州知府讓明萬歷二十六年戊戌建　國朝乾隆四十三年戊戌咸豐二年壬子脩

謹按萬歷十五年綱庵公任夔州知府以治行第一賜璽書良二千石迺璽書中語

又按廣州府志貞烈坊在廣州府城內列

嶺南古今貞烈南朝陳南妻戴氏以下五
十四人朱仕志妻黃氏第三十四又南海
節孝錄節孝流芳坊在南海學節孝祠內
吾族得　旌諸節烈俱已登載今以總
坊不錄

第宅附

承德第　在廣州會城歸德門內大市街五仙觀側七世湖州府通
判石潭公諟建子庠生樵選貢完守備建勳孫庠生端御
端士端履處士端志護衛指揮使端揆曾孫守備夢偉處
士厓元孫游擊昌國武生英標等世居據在璞文稿採訪冊參脩
謹按前朝吾鄉士大夫宦成後多移宅會

垣如黃提學篪羅侍御鴻諸家其最著也石潭公雖別構菟裘巢痕未埽明季丙戌庚寅之難孫曾跳免覆卵仍完則敝廬不棄之故而諸家多不可問矣

中憲第　在大洲七世贈兵部左侍郎夔州府知府絅庵公讓建子庠生贈中書田庠生贈侍郎疇庠生賓揚處士畯孫戶部郎中贈侍郎實蓮戶兵兩科給事中伯蓮推官會蓮游擊叔蓮庠生協蓮儀蓮期蓮曾孫國子監助教國薦錦衣衛正千戶國藹副貢培源歲貢元英武生夢熊鴻飛昌勝元孫庠生長祚學進等世居（據九江鄉志世紀參脩）

刺史第（今曰大夫第）　在西方太平約（古名上沙）八世署青州府知府知

州湛一公淩霄建（詳鄉志）子戶部員外郎光允庠生光衡兄子揚州府通判光祖孫庠生汝柟禧龍從孫庠生汝楫曾孫庠生烈溥文等世居

謹按湛一公里第猶是中明以來三百年舊物栱櫨不飾形制僅存中縣公自題楹聯云官貧挪宅能旋馬世遠積書欲汗牛書法古拙清嚴令人生肅鄉志謂吾鄉先達多矜尚名節操守清白鮮克治宮室閒有小築勵蔽風雨與齊民無異鄭侯所謂子孫賢師吾儉也憶前過順德石碏拜梁文康公先祠下祠亦有文康自作楹聯云

傳家只有廟三間到此似非丞相府得志
不爲堂數仞如斯方是讀書人想見循吏
名臣同茲襟抱

文林第　在北方翹南社十二世高州府教授北滘公順昌建
弟禮部儒士順龍順恭子國子監生大成等世居

廣文第　在西方太平約十二世肇慶府教授木齋公道南建
子帝官林官猶子處士夢蓮等世居

園亭樓閣附

水雲樓　在上沙亦名上申六世仰柏公文捷建據九江鄉志脩
公孫遐水雲樓詩云畫閣開炎甸紗窗瞰遠汀創垂
詒祖烈呵護有神靈連椗山爲節重簷鐵作扃日光

通箭筈風信付篔鈴鳳翅低承露鼇頭俯摘星簾疏
朝爽入磴曲暮雲停跂足雞冠紫迴眸雁嶺青澄波
千里外煙樹九江冥懷土非王粲揮鉏類管寧憑高
聊一嘯天地亦浮萍

謹按仰柏公以大戶檄爲豊櫃長管庫三次
京運二次其趨公赴義塵勞至矣而挈家
廟置書田之後復留意於游息之所東坡
所謂士大夫宣力之餘亦欲取樂也鄉志
本傳謂築樓臺亭沼日與士夫酬飲爲樂
黃少參撰公墓表謂晚年脫落世故陶情
賓朋於園林中築一水榭邀鄉之賢士大

夫莫不優崇燕喜款洽移日故凡飲公之和者莫不傾倒於公樂與公羣也蓋皆指此

黑樓　在西方太平約古名上沙七世桃泉公廷弼建

謹按黑樓公裔孫監生光宇易名曰觀海樓然土人傳呼既久莫能改也刱建於明嘉靖時歷三百餘載整壯如初畧無陁剝之迹當年之結構牢實可知釋一靈謂廣州諸大縣其村落多築高樓以居凡富者必作高樓或於水中央爲之樓多則爲名鄉遥望木棉榕樹之閒矗立煙波方正大

小一一相似勢如山嶽之峙皆高樓也樓基以堅石其崇一丈七八尺牆以甎或壯蠣殼其崇五六丈樓內分三層每層開三四小牖以瞭望頂爲戰棚積兵器砲石其上以爲禦敵之具然則粤俗築樓之堅緻有自來已

西清樓　在大洲七世石潭公謨建據九江鄉志脩

公孫端志西清樓感懷詩云宇宙吾猶在縹緗老轉親三年餘病骨半壁隔囂塵性狹終何事狂癡未定身浮名徒自苦從此一閒人

謹按端志公長孫鄉志作志端誤

迎曦樓　在大洲七世絅庵公讓建據九江鄉志脩

陳郡丞艮珍迎曦樓詩云飛甍憑高倚太淸扶桑流影入前楹投書蚤謝平津謁捲幔長懷曝背情繞砌芝蘭香自馥嚮陽花木易爲榮江湖未老憂君念矯首彤雲望帝京

公自題迎曦樓花徑次韻云三月殘春花未摧雨餘花氣逐人來惜春每爲花移席日暎花枝勸一作動酒栢舊注原二絕今存一

廣東通志陳便殿南海縣人更名艮珍嘉靖二十八年己酉舉人亦見九江鄉志

書樓　在大洲七世絅庵公讓建據採訪冊脩

謹按書樓故址今曰書樓里

虹岡別墅　在廣州城北門外虹岡屬番禺中有景曰清暉館曰師古堂曰巢雲精舍八世攢雲公樵白岳公完建據歐虞部集粵東詩海九江鄉志世紀參脩

歐虞部大任元夕集朱氏兄弟山下草堂得歌字詩云寶馬驂驔十里過九枝燈裏麗人多城臨花月春江曲風嫋笙簫子夜歌坐客羽觴行未已醉深玉漏問如何社中諸少忘吾老猶自牽情洽薜蘿

又冬日同叔祥季美惟仁君璽季德君美道子虹岡賞梅花得園字詩云館近梅花大樹村葛洪去後幾株存香聞半嶺空鸞嘯月挂高枝有鶴翻歲暮莫吹江客笛山寒猶在汝陰園醉來欲寄游仙夢一過朱

明古洞門

李文介公孫宸過朱季美池館詩云春光淑氣轉氤氳步入橋西一訪君地迴有風偏響竹岡寒無雨亦生雲閒情自洽尊中賞高調難將世上聞指點墨池誇勝事晚煙籠處亂鵞羣　篙人未夕駐蘭橈七十峯邊夜聽潮山水生來憐有分雲霞到處解相招風含瀑布疑環珮峽束江聲似洞簫未信出山爲小艸與君天際且逍遙

白岳公山居雜詠詩云岡連雉堞白雲攢池館新營十畝寬幾樹桐陰雙白鶴主人常著竹皮冠　倚杖空亭日欲晡烹茶還就竹閒鑪蒲團偶坐譚禪客更

速能詩舊酒徒　荆扉寂寂日初長短揭疏簾納晚涼山鳥不知方睡覺引雛猶近小窗傍　城隅幽僻似村居習懶相過禮法疏供給豈須愁市遠山園菜甲自堪鉏　塵心頓息學維摩誰悟浮生亦逝波病瘦原非因酒苦身忙只爲索書多　萬竿脩竹繞山堂卽使炎蒸午亦涼醞客有時燒素筍酒醒常覺稻花香　繞徑新花手自栽捲簾長日對花開亦知不是草元宅載酒何當客故來　平岡極望蔭檀邊中結一庵可入禪清磬有時還自發楞伽常日對僧看

爲園敢凝辟疆幽只可栽瓜學故侯獨有山門長不閉任從傖客日來游　坐客絕無襪襪子脫巾躶

體卧長林寧須絲管供觴詠自有山蟬盡日吟　窗臨煙樹千家暝坐對晴峯萬疊重讀罷離騷新茗熟忽驚涼月挂高松　門護垂藤别一家野人性本癖煙霞閒依竹徑還調鶴晚汲山泉自灌花

廣州鄉賢傳歐大任順德縣人隆慶四年庚午以序貢入仕廣東通志李孫宸香山縣人萬歷四十一年癸丑進士

謹按歐子建必元虞部公家傳萬歷甲申楨伯先生以南京工部虞衡司郎中告歸年七十矣門牆頗峻非通家子與名士詞人不容輕入一刺在城則故人黎惟仁唐寅仲鄧君肅三先生朱季美劉季德黎君

壐劉道子蘇叔大潘子遷諸子外寥寥也蓋其時諸名士相將開社扶輪承蓋宏奬宗風而虞部歸然提倡其間詩正是時所賡和又歐子建琢玉齋草有憶昔行送社人李伯襄北上詩則文介亦同社侶也子建又謂季美居粤城北郭之虹岡栽竹數萬竿梅花數百株閉戸自娱而問字索書者不絶鄉志謂其精舍隨地高低蓄古書畫鼎彝日優游於詞翰茂林紛黛閒才名奔走海内兩臺司道府縣及來往使君若大司馬當湖劉公廣陵陳公通政高陵劉

公奉常晉江王公問卿永春李公冠蓋日絡繹於門筆花墨瀋寶若琬琰蜃海雞林爭求手蹟又謂其盛年車馬雜遝歲費數千金而緩急時有家人或數米而炊公視平等客至無貴賤必款享天下之盛名極人間之樂事今觀虞部元夕詩猶信

環谷山莊　在廣州城北門外環谷屬番禺八世白岳公完建據嘯樓集粵東詩海參脩

李文學雲龍訪朱季美環谷莊居詩云尋君谷口路
杖策入孤村徑轉方知處山開忽到門陰崖蒼樹合
幽磴野花繁嚮夕涼風起高齋聞夜猿

公初春游環谷詩云嶺南地暖三陽蚤春入郊原美芳草。躡笻步出郭北門和風麗日春光好無客同游惟兩兒大兒矯健能追隨小兒九齡好游嬉飛揚跋扈挈人衣舊卜山莊在環谷峻嶺層巒多古木巉巖怪石出清泉錯落名花閒脩竹我來汲水試新茶團團碧露覆黃芽甘冽令人清神骨中泠石井徒爾誇啜罷低回隴畝側指點艱難是稼穡荒冢松柏易摧殘往事興亡同歎息緩步長歌意悠然家僮隨後汲山泉小者負具力難前且行且止故遷延牛羊各散羣動息歸望城頭日已夕候門稚子歡相迎娟娟新月林閒出又山園漫興詩云繞屋桑田百畝當門松樹千株牆東牆西蝴蝶山北山南鷓鴣　石上風搖薜荔林間雨滑蒼苔新蟬響斷還續暮鳥飛去復來　僧來有時鳴磬客去經旬閉關夜雨飛泉百道秋風落葉千山　石上流泉飲鹿雲中茅屋鳴雞幽人杖策何去採藥菖蒲寺西　性懶逢迎漸少山深幽趣偏多呼童移花移石對酒自酌自歌

番禺縣志李雲龍字烟客番禺縣人諸生後祝髮爲僧

韡韡洞　在大洲中有景曰引興園曰日華軒曰埽石高談八世莘犂公田建據九江鄉志脩

謹按此園洞後經公嗣君伯蓮兄弟經營

增拓與下思廣園合而爲一見淨燠公伯

蓮思家園歌小引

來紫臺　在大洲八世箕作公疇建據九江鄉志脩

吳方伯時亮來紫臺詩云少年英氣斗牛旁投老青氈未肯忘萬石躬行齊玉潤五車世業在芝香隨人問字稱書簏有子傳經賦錦堂卻羨吹藜太乙叟絳帷揆詠正徜徉

公德清署中懷來紫臺詩云攬勝來游雲非緣問俸錢未曾經累月似覺已多年閉戶看山近擔泉省驛傳奈非吾土也歸思日來煎

廣東通志吳時亮浙江嘉善縣人進士崇禎十七年任左布政使

紫閣山房　在上沙八世紫閣公必遴建據九江鄉志脩

劉方伯觀光紫閣山房詩云嵂崒紫閣高峯寒蒼崖削鐵翳雲端環除幽鳥調絃管繞屋脩竹森琅玕高人抱膝坐長嘯盥櫛都忘欹鶡冠醉裏不知天地小颯颯臨風琴一彈

韓節愍公上桂詩云古松縹渺蒼山暮四壁霜豪起煙霧澤廣時聞虎豹嘷山深似有龍蛇互中有幽人讀素書仙童冉冉飄雲裾有時大醉劃長嘯四顧天地空吾盧

廣東通志劉觀光南海縣人萬歷三十二年甲辰進士亦見順德縣志今據龍山鄉志劉觀光順德龍山鄉人廣東通志韓上桂番禺縣人萬歷二十二年甲午舉人

嘯園　在上沙八世石室公遐建據九江鄉志脩

陳憲副開泰嘯園詩云牂牁西下錦巖東千里江流九派通捲幔天開喬木裏採芳人醉萬花叢輞川詩畫王丞趣鑑曲逍遥賀監風何日扁舟浮海去問奇應得過揚雄

劉方伯觀光詩云清時何事羡蘇門長嘯翛然道自存數部鼓吹頻送響六街車馬不聞喧逍遥可續成公賦箕踞誰同阮籍言不必攀躋窮半嶺疏林翛竹自爲園

關郡丞名教詩云新秋載酒過高陽散步林塘興欲狂謝傳東山饒別墅知章鑑曲有新莊憑欄自得濠

梁趣散帙人誇翰墨香話久頓忘歸路晚一天涼月照縑緗

公從姪光允詩云春宵涼吹起平蕪散步攜琴過北閭翠柳煙霏元亮徑青山晴擁輞川圖芳誇金谷花千樹寒浸瑤華月一瓠自笑阿咸多逸興淸言時醉步兵廚

廣東通志陳開泰三水縣人萬歷二十五年丁酉舉人關名教南海縣人萬歷四十年壬子舉人亦見九江鄉志劉觀光見上

娛暉館 在上沙有種月亭諸勝八世清揚公必顯建據皆山樓集脩

關刺史管中秋前夕集朱宏明種月亭遇雨作詩云月亭堪待月雲帶雨猶驕共喜秋將半其如暈未銷

霑花亦太劇妒景不曾饒若得翻晴霽淸光話此宵廣東通志關管南海縣人萬曆二十八年庚子舉人亦見九江鄉志

自適軒　在上申八世惺宇公繼鳳建據惺宇公詩刪脩

公題自適軒詩云紙窗茅屋竹方牀荷葉田田夏亦涼讀罷黃庭閒散步數聲漁笛起滄浪舊注原十首今存一

思廣園　在大洲即韡韡洞所增拓中有景曰妍暾堂曰淨燠山房曰天台深處曰淸言齋曰玉炤亭曰蛾術書室曰綠暎書室九世淨燠公伯蓮建據九江鄉志脩

公自作思家園歌小引云此憶故園作也余家園周遭可十畝經始自先臣余兄弟稍廓之其曰韡韡洞曰引興園曰日華軒曰埽石高談先臣舊所題顏也

餘軒卉石隨時點綴谷口日思廣園與韡韡洞相呑吐其入路也堂曰妍暾宜暖山房曰淨㶿宜涼綠暎蓮池蘭亭茂樹背倚內宅曰天台深處雲莊素壁一望空曠翠柴玉戶互相縣聯月夜嘉光頗堪嘉尙密林餘清在淨㶿左右淸言齋爲藏書室蘭氣松聲遙得相聞主人吟臥有年客滿尊盈興寄不淺時方謂仙源深僻近自吾鄉得之好事者每有溯流卜築之想自丁亥秋義師起雲林勃窣鞠爲戰場余避地宅徙昕夕倚望愀然有懷因作長歌倚曲歌闋復各繫一絶申以小引令覽者如見其處

關戶部家炳七夕讌集妍暾堂詩云秋雨朝來散鬱

蒸看花今夕興須乘芳蘭豈逐腥羶穢離黍空教感慨興但想夷吾終受賜未應燭武盡無能多情肯負良宵醉露冷銀河共撫膺

公弟協蓮丹霞非身上人過坐妍暾堂詩云能悟此身非是身三身總已脫氛塵丹霞有篆迎香象碧海無波輾法輪巢破矅同深谷鶴客來眼見急灘鱗徒慚五施盟心在未必恆河認舊人

廣東通志關家炳南海縣人崇禎三年庚午舉人十三年庚辰特用亦見九江鄉志

謹按鄉志謂此園周遭十畝許中有妍暾堂淨燠山房清言齋日華軒玉炤亭及蛾術緣暎等小書室清池英石花卉長松雜

施陳雲淙公載酒雷連爰有買隣卜築之志後値兵擾蘇軨羣入偃息其中猶相戒勿損動主人有歌紀之餘羣從園亭亦皆稱是

依園 在大洲中有景曰水鏡草堂曰怡雲樓曰來雋齋曰庇歡亭曰偃庵九世庇亭公協蓮建據九江鄉志脩

公自題依園詩云草堂諸阮瀼西東花發溪頭處處同靑幔遶波連浦口錦紋如畫挂窗中天人策邈窺園綠文字禪空指樹紅約莫故人時問訊今來霜鬢舊兒童 新塘六月正花開水榭乘涼客又來儒服蹔更傷舊緒荷衣初試識新裁香風半妬芙蓉面狂

雨斜臨竹葉杯醉後招邀橫小艇繞隄楊柳見栽培
海目山前一畝宮午風圃裏數株桐青絲籠接櫻
桃熟老瓦盤堆丹荔紅鳥鼠競除畱舊俗蠹魚兼掌
驗流風豈無文字干時策寂寞長甘邱壑中　晴窗
時鎖緑芸香半榻經年對夕陽賸有閒情忙尺素任
隨羣卉鬭輕霜蓮因清潔多生白菊爲孤高每種黃
三徑疏籬還自適遣懷花雨一方塘　西河古昔有
奇男棲息盤桓一小庵得意常時翻蝶夢爲人終日
寫雲藍花分紅白防相妒酒判歡愁總半酣吟詠多
年慚大好任呼牛馬任稱憨　江邨終歲少逢迎倚
杖空聞晚笛聲孤月似霜千樹滿流霞如赭一峯晴

松亭先削秦封號蘭畹猶存楚佩名半世爲儒貧已
慣最憐秋色惱人情　浮雲節序漫追歡鴻雁北來
已厭觀山入窗中青漸小月橫林杪白將殘絕交公
叔終情劇別恨江淹幾夜寒有客空歌來白馬無人
揮淚點琅玕
又園居詩云東風晴日幾家春歷亂江鄉轉白蘋尊
酒每逢人日醉椒盤又薦歲書新香車九陌紅塵滿
碧樹千山綠葉勻聞道江湖多隱逸入林應與子眞
隣　澹蕩雲生擁綠波蚤春莩甲渺行窩香鬢夜淺
看難定玉蘂寒深奈若何閉戶莫嫌幽事少閒園眞
信曉風多桃花漫嚮前溪放仙島漁舟語涉訛

謹按園居詩原十餘首大半散佚此二首外尚有脫句閒園子舍恰花晨更喜晴窗錦作茵金鴨籠香灰半暖黃鸝滑酒色全新十年無復云云共三十二字

芝園　在大洲九世徵龕公實蓮建（據九江鄉志脩）

公自題芝園詩云宅傍翁園事事宜方塘四面長蹲鵁欄前但覺花香酷知是宅人苦熱時　綠楊風起藕花開浴鴨依人喚便來金彈莫教調驛使主人畱傍練塘隈　樵山北峙雁山南南北山雲恣遠探莫使山靈怨孤寂蕪園相錯便成三　夏荷賞遍又秋蘭終日夷猶傍藥欄　一自北堂傷冷落萱花開處不

能看　石上瑤琴自可憐金徽遺響已多年何嘗苦病手如棘勉強猶能操水仙　數畝梅花閒荔枝棗棃橘柚盡垂垂午雞咿喔鳴桑樹又是先生睡熟時」公從弟協蓮和云幽幽春圃嚮山南水色山光忩遠探棊伴不離諸阮在坐來三月正初三　閒看稚子種春畦蟻穴籬根引鬬雞細雨蚤知連遠浦園亭又見晚雲低　趺坐焚香時學禪偶從得意助書顛股釵未滿臨池興屋漏痕深風雨連

拙齋　在西樵山九世英巨公環建據英巨公詩冊脩

陳文忠公子壯過朱山人環拙齋留别詩云占得人閒水石幽知君深入不回頭從今引領樵西望夜夜

寃氛澈斗牛

公族弟實蓮題山齋詩云野橋枯石水澄清絲柳深藏百囀鶯夜半更無竿籟起一簾明月讀書聲陳子壯見上

鏡機堂 在大洲十世嘯峯公元英建據嘯峯公詩冊脩公熟食日坐鏡機堂簡陳雨若詩云淰淰苔侵榻涓涓屋響泉愁人春似夢澤國雨爲年筆冢生前債餅笙靜後禪何當雞黍局斗室話閑緣往雲淙公亦有此堂賓客殊盛

謹按七世絅庵公尙有別墅曰水竹居見陳子升中洲稿在大洲頭後割以居其子壻陳太常熙昌爲館甥之室太常因移家焉詳鄉志

鬻子抱孫獲解登第皆在於此傳子集生閣部喬生給諫式廓開閎增成宅相大將軍之西第丞相府之南莊規模又一變矣九江鄉志謂文忠於鄉建樵南書院想亦其地文忠前後居之中閒惟崇禎朝再剏籍歸築雲淙書院於白雲山中奉母以往見手札築斐園於省垣之東皋見新語皆未久輒還明史本傳謂蘇觀生議別立唐王聿鐭子壯沮不得退居於邑之九江村又謂子壯起兵於九江村又御批通鑑輯覽唐桂二王本末謂子壯家居九江村語尤明確皆指此汔今其遺址曰探花墩曰探花橋有繇來

也以原出我家故宅謹附誌之

又按廟制祭儀　大清通禮品官家祭之禮於居室之東立家廟按古人左廟右寢廟寢相連取神依於人之義一品至三品官廟五間中三間爲堂左右各一間隔以牆北爲夾室南爲房按朱子家禮凡屋不問何嚮但以前爲南後爲北左爲東右爲西堂南檐三門房南檐各一門階五級庭東西廡各三間東藏遺衣物西藏祭器庭繚以垣南爲中門又南爲外門左右各設側門四品至七品官廟三間中爲堂左右爲夾室爲房階三級東西廡各一間餘制與三品

以上同世爵公侯伯子眠一品男以下按品爲差等八九品廟

三間中廣左右狹按八九品祧主埋於墓故無夾室中廣者爲堂

左右狹者皆謂之房階一級堂及垣皆一門庭無廡

以篋分藏遺衣物祭器陳於東西房餘與

七品以上同在籍進士舉人眠七品恩拔副歲貢生眠八品堂後

楣北設四室按宮室考堂之屋南北五架中春之架曰棟次棟之架曰

楣奉高曾祖禰四世皆昭左穆右妣以適

配南嚮按適配詳上文高曾祖以上親盡則祧繇

昭祧者藏主於東夾室繇穆祧者藏主於

西夾室遷室祔廟均依昭穆之次按王公貝勒仲春之祭以祧主合食品官之祧主藏而不祭士庶之祧主埋於墓東序西

序爲祔位伯叔祖之成人無後者伯叔父之成人無後及其長殤十六歲至十九者兄弟成人無後及其長殤中殤十二歲至十五歲妻先歿者子姪成人無後及其長殤中殤下殤九歲至十一者皆以版按行輩墨書男統於東女統於西東西嚮按八歲以下爲無服之殤伊川程子曰無服之殤不祭下殤之祭終父母之身中殤之祭終兄弟之身長殤之祭終兄弟之子之身成人而無後者其祭終兄弟之孫之身歲以春夏秋冬仲月擇吉致祭戒子弟讀祝一人贊禮一人執爵每案二人分薦祔位東西各一人凡在廟所出子孫年及冠以上者皆會行禮按厚庵李氏穆

堂李氏伯榮吳氏均謂古者重宗法主祭必以宗子古所謂宗子者皆世官世祿者也今宗法不行貴顯者未必皆宗子而宗子或夷於氓隸支子雖貴又格於分不得伸其追遠之愛遂不祭乎記曰無田則不祭祭用生者之祿是祭禮必大夫而後具明矣宗子而爲大夫則宗子主祭支子而有田祿則支子亦得主之故通禮家祭以官之大小分祭之隆殺不問其爲宗子否也或曰父爲大夫子爲庶人者多矣得無廟建於父而子旋毀之以薦於寢乎子爲庶人孫又爲大夫者亦多矣得無子既毀廟孫又復建乎曰是不然父爲大夫得建家廟則廟固父之廟也子爲庶人薦而不祭禮也安得並其廟而毀之又曰五世祧主士庶瘞於其墓設其父以下五世無爲大夫者主瘞而廟仍留可乎曰禮始爲大夫者不在遷毀之列朱史禮志云始得立廟者不祧以比始封雖親盡當祧亦可援立廟之功仍而不毀此敬宗而寓貴貴之義也故通禮載親王世子郡王貝勒貝子宗室公之祭於高祖以上皆及始封祖即

宋史始立廟者不祧之意也而品官可推矣先祭三日主人及在事者咸致齋按書儀及家禮云男十歲以上皆居宿於外主婦率諸婦女致齋於內凡齋者沐浴更衣飲酒不至亂食肉不茹葷不弔喪不聽樂凡凶穢之事皆不得預前一日主人率子弟盛服入廟眡潔除拂拭畢執事者於各室前設几几前供案堂南總香案一鑪槩具按槩有架鐙祔位東西各統設一案設祝案於香案之西設尊爵案於東序設盥槃於東階上眡割牲按家禮云晡時殺牲主人親割毛血爲一槃首心肝爲一槃脂雜以膏爲一槃皆腥之餘十一體則宰夫解之庖人熟之以薦一品至三品官羊一豕一四品至七品特豕八品以下豚肩

不特殺按入品以下豚肩不特殺亦薦而非祭也通禮以其同爲品官故附及之眂滌祭器三品以上每案俎二鉶二敦二籩六豆六七品以上籩四豆四八品以下籩二豆二皆俎一鉶敦數同代以時用槃椀者聽辨祭器之實俎實牲體鉶實羹敦實飯籩實時果餅餌魚腊獸腊之屬豆實炙胾時蔬之屬按聞見前錄載邵康節之言曰吾高曾今時人以簠簋籩豆薦牲不可也司馬書儀亦云簠簋籩豆鼎俎罍洗皆非私家所有考之唐開元禮官員廟祭用簠簋鉶俎籩豆其數以品爲差是私家亦得用古祭器也以神道事其先人無嫌於今古之異矣朱子云本合用古器恐私家不能辦且用今器以從簡便故通禮仍仿古制設器又云代以時用槃椀者聽兼採朱子之說也而書儀又云今人但別置

椀楪等器專供祭祀平時收貯勿供它用是則品官廟制旣有東西廡以藏祭器禮云凡家造祭器爲先有田祿者以不假爲禮又云祭器敝則埋之用於鬼神不可褻

也屆日五鼓主人朝服與祭執事者盛服入廟主人族於東階下族姓族庭東西以昭穆世次爲序執事者陳鑪鐙於供案南陳尊爵於東序案代以壺琖者聽陳祭文於祝案實水於盥槃加巾主婦率諸婦盛服入按婦助夫祭爲主婦必舅姑旣歿或姑老而傳者迺得爲之舅在無姑則祭以舅爲主人婦仍不得爲主婦詣爨所眂烹飪羹定入於東房按熟食日定治籩豆之實陳鉶敦匕箸醯醬以族按司馬書儀朱子家禮於家廟奠獻皆設男女拜位男東女西重行異等凡出

主納主上食侑食皆男女分司其事明會
典仍其制通禮改主婦率諸婦次於房中
專主眡饋治具之事每獻則先出於房陳
饌案上一叩而退然後主人率族姓行禮
蓋家廟雖無男女之嫌然同堂致祭分班
跪起殊非體制所宜況助祭尙有親黨婦
女何能共列是則
通禮爲盡善也 質明子弟之長者盥詣
各室前跪一叩興啟室奉主以次設於几
昭位考右妣左穆位考左妣右分薦者設
東西祔位畢贊禮立堂東檐下西面諸執
事分立東西序端相嚮贊就位主人升自
東階盥詣中檐拜位立族姓行尊者立於
東西階上卑者立於階下皆重行北面贊
參神主人入堂左門詣香案前跪執事二

人司爵者充一奉香槃一挹尊酌酒詣主人左右跪左進香主人三上香右進爵主人酹酒於地以爵奠於案興退出右門復拜位及族姓行一跪三叩禮贊初獻主婦率諸婦出於房薦匕箸醯醬於几前案北跪一叩興徧及祔位退入於房庖人解牲體實於俎按解牲之法左胖不用取右胖之前足爲三段脊爲三段脇爲三段後足爲三段去近竅一段不用凡十有一體爨而熟之羊左豕右分實於各案之俎執事者奉以升各薦於供案主人詣高祖案前執爵者奉爵主人獻爵奠於正中跪叩興以次詣曾祖祖禰案前獻爵如前儀分

薦者徧獻祔位酒汔退立於拜位贊讀祭

文主人跪族姓皆跪祝詣祝案之左跪讀

祭文曰維某年月日孝孫某謹告於某考

某官府君某妣某氏之靈曰氣序流易時

維仲春夏秋冬追感歲時不勝永慕謹以潔牲

庶品粢盛醴齊敬薦歲事以某親某氏等

祔食尚饗按八品以下去潔牲二字讀汔興以祭文復

於案退主人以下一叩興贊亞獻庖人納

羹飯於東房主婦率諸婦和羹實於鉶實

飯於敦出薦於案及腊肉炙胾徧跪叩興

退如初禮主人獻爵於各位之左贊三獻

主婦率諸婦出於房薦餅餌果蔬叩退主人獻爵於各位之右分薦者徧獻祔位酒均如初獻儀贊受嘏祝取高祖供案酒饌降至香案旁主人詣香案前跪祝代祖考致嘏於主人主人啐酒嘗食反器於祝接以興主人一叩興復位贊送神主人以下一跪三叩贊望燎祝取祭文由中門出送燎主人退避東階下行輩長者咸降階主人詣燎位眂燎畢與祭者出主人率子弟納神主上香行禮徹祭器傳於燕器潔滌謹藏之闔門各退按通禮祭儀與朱子家禮畧同惟三獻後不用

侑食闔門二節日中迺餕三品以上時祭徧舉四品至七品春秋二舉八品九品春一舉庖人設酒饌僕人布餕席於堂東西北上陳醯醬於席四隅琖楪匙箸之屬皆辦與祭者尊卑咸在從曾祖諸父居東第一席從祖諸父居西第一席諸父次東一席諸昆弟次西一席諸子諸孫在東西之末各一席序定主人肅尊者入席從曾祖諸父即席從祖諸父東嚮尊者肅揖就位諸父東嚮揖西嚮揖就位諸昆弟揖如之復揖諸父就位諸子揖如諸父復揖諸昆弟諸孫

揖姻諸子復揖諸子皆就位主人離席僕
執壺實酒從主人酹諸尊長酒每酹一人
肅揖尊長答揖徧就位子弟之長者離席
僕人執壺從敬酹主人諸子弟咸避席揖
主人答揖復位主人命諸子弟徧酹酒席
中少者舉壺各酹於其長者既徧皆坐主
人興舉酒請於尊長坐尊長逌嘗酒卒爵
衆嘗酒卒爵僕人進食主人興請於尊長
坐尊長舉箸嘗食逌皆食每進食子弟閒
行酒三巡長幼獻酬交錯飲無算爵湯飯
畢長者起主人請留長者告飽遂離席諸

子弟咸隨離席以次出主人送長者於門外入命徹席餕庖人僕人皆盡（按家禮於四時祭外別有冬至祭始祖立春祭先祖季秋祭禰之儀今高曾祖禰既合祀一廟則禰位無庸特祭始祖及高祖以上之祖今人別立宗祠族長率族人春秋致祭亦敬宗收族之道也通禮雖無其儀要可準家廟之禮行於宗祠）

庶士（貢監生員有頂戴者）家祭之禮於寢堂之北爲龕以版別爲四室奉高曾祖禰皆以妣配位如前儀南嚮前設香案總一服親男女成人無後者按行輩書紙位祔食男東女西相嚮事至則陳已事焚之不立版歲以春夏秋冬節日出主而薦餅餌二槃肉食果蔬之屬四

器羹二飯二前期主人及與祭者咸致齋
薦之前夕主婦盛服治饌於房中厥明夙
興主人吉服率子弟設香案於南然燭置
祭文堂北設供案二昭東穆西均以妣配
位均南鄉設祔案於兩序下各一男東女
西東西鄉主人以下盥奉木主設於案設
祔位於兩序案訖主人東階下立衆各依
行輩東西序立主人詣香案前上香畢率
在位者一跪三叩興主婦率諸婦出房中
薦匕箸醯醬跪叩如儀退子弟奉壺主人
詣神案以次斟酒薦熟訖皆就案南跪叩

興子弟薦祔位畢主人跪在位者皆跪祝進至香案之右讀祭文（辭見品官祭禮減潔牲二字餘同）汔興退主人以下叩興再獻主婦薦飯羹三獻主婦薦餅餌時蔬主人斟酒跪叩均如初儀畢主人率族姓一跪三叩興祝取祭文及祔食紙位焚於庭衆出主人納木主徹退日中而餕春一舉布席於堂東西北上陳椅琖匙箸如其人數傳祭食於燕器熱酒饌族姓至主人肅入序位以行輩年齒爲等旅揖卽席進酒饌酬酢如禮湯飯畢長者離席告退主人送於門外諸子

弟皆隨以出徹僕人餕餘食皆盡　庶人
家祭之禮於正寢之北爲龕奉高曾祖禰
神位歲逢節序薦果蔬新物每案不過四
器羹飯具其日夙興主婦治饌主人率子
弟設案然鐙啟室奉神主於案上以昭穆
序主人立於香案前家衆序立於主人下
以行輩爲先後主人上香一跪三叩興主
婦陳匕箸醯醬薦羹飯果羞跪叩如儀主
人酌酒進於各位前凡三次皆跪一叩興
畢主人率衆一跪三叩興納主於室徹退
日中衆餕神食歲一舉論行輩先後同行

序齒列坐酒行飯已肅揖以退按明洪武中頒御製
祀先祝文於直省見蒿庵閒話明時先代常用今以附錄文曰維某年某月某朔某日孝孫某闔門眷屬告於高曾祖考妣靈曰昔者祖宗相繼鞠育子孫懷抱提攜劬勞萬狀每逢四時交代隨其寒暖增減衣服撙節飲食或憂近於水火或恐傷於蚊蟲或懼罹於疾病百計調護惟恐不安此心懸懸未嘗暫息使子孫成立至有今日者皆祖宗劬勞之恩也雖欲報之莫知所以爲報茲者節屆春夏秋冬天氣將溫熱涼寒追感昔時不勝永慕謹備酒殽羹飯率闔門眷屬以獻尙饗

又按宗祠祀產律例　大淸律例比引律條載棄毀祖宗神主比依棄毀父母死屍律斬又戸律田宅條例載凡子孫盜賣祖遺祀產至五十畝者照投獻捏賣祖

墳山地例發邊遠充軍不及前數及盜賣
義田應照盜賣官田律治罪其盜賣歷久
宗祠每一祠計一間以下杖七十每三間
加一等罪止杖一百徒三年以上知情謀
買之人各與犯人同罪房屋交回給族長
收管賣價入官不知者不坐

南海九江朱氏家譜卷七終